5 GENDER EQUALITY

Achieve gender equality
and empower all women and girls

实现性别平等，增强所有妇女和女童的权能

THE GLOBAL GOALS
For Sustainable Development
2030年可持续发展议程研究书系

主　　编：蔡　昉
副 主 编：潘家华　谢寿光
执行主编：陈　迎

性别平等的可持续发展

THE SUSTAINABLE
DEVELOPMENT
ON GENDER EQUALITY

李英桃　王海媚　著

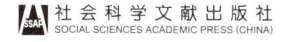

社会科学文献出版社
SOCIAL SCIENCES ACADEMIC PRESS (CHINA)

"2030年可持续发展议程研究书系"
编 委 会

专家委员会

主　　　任：蔡　昉　解振华

委　　　员（按姓氏笔画排序）：

　　　　　　王玉庆　王国刚　田雪原　朱　玲
　　　　　　刘燕华　杜祥琬　李　林　汪同三
　　　　　　金　碚　张车伟　张宇燕　张晓山
　　　　　　陈光金　陈泽宪　赵白鸽　秦大河
　　　　　　高培勇　黄群慧　魏后凯

主　　　编：蔡　昉

副　主　编：潘家华　谢寿光

执 行 主 编：陈　迎

编委会成员（按姓氏笔画排序）：

　　　　　　于法稳　王小林　王　谋　尹　慧
　　　　　　孙若梅　李英桃　李　际　李春玲
　　　　　　何晶晶　张建平　顾佳峰　郤亮亮
　　　　　　徐奇渊　高文书　郭朝先

总　序

可持续发展的思想是人类社会发展的产物，它体现着对人类自身进步与自然环境关系的反思。这种反思反映了人类对自身以前走过的发展道路的怀疑和扬弃，也反映了人类对今后选择的发展道路和发展目标的憧憬和向往。

2015年9月26~28日在美国纽约召开的联合国可持续发展峰会，正式通过了《改变我们的世界：2030年可持续发展议程》，该议程包含一套涉及17个领域169个具体问题的可持续发展目标（SDGs），用于替代2000年通过的千年发展目标（MDGs），是指导未来15年全球可持续发展的纲领性文件。习近平主席出席了峰会，全面论述了构建以合作共赢为核心的新型国际关系，打造人类命运共同体的新理念，倡议国际社会加强合作，共同落实2015年后发展议程，同时也代表中国郑重承诺以落实2015年后发展议程为己任，团结协作，推动全球发展事业不断向前。

2016年是实施该议程的开局之年，联合国及各国政府都积极行动起来，促进可持续发展目标的落实。2016年7月召开的可持续发展高级别政治论坛（HLPF）通过部长声明，重申论坛要发挥在强化、整合、落实和审评可持续发展目标中的重要作用。中国是22个就落实2030年可持续发展议程情况进行国别自愿陈述的国家之一。当前，中国经济正处于重要转型期，要以创新、协调、绿色、开放、共享五大发展理念为指导,牢固树立"绿水青山就是金山银山"和"改善生态环境就是发展生产力"的发展观念,统筹推进经济建设、政治建设、文化建设、社会建设和生态文明建设,加快落实可持续发展议程。同时,还要继续大力推进"一带一路"建设,不断深化南南合作,为其他发展中国家落实可持续发展议程提供力所能及的帮助。作为2016年二十国集团(G20)主席国,中国将落实2030年可持续发展议程作为今年G20峰会的重要议题,积极推动G20将发展问题置于全球宏观政策协调框架的突出位置。

围绕落实可持续发展目标,客观评估中国已经取得的成绩和未来需要做出的努力,将可持续发展目标纳入国家和地方社会经济发展规划,是当前亟待研究的重大理论和实践问题。中国社会科学院一定要发挥好思想库、智囊团的作用,努力担负起历史赋予的光荣使命。为此,中国社会科学院高度重视2030年可持续发展议程的相关课题研究,组织专门力量,邀请院内外知名专家学者共同参与撰写"2030年可持续发展议程研究书系"(共18册)。该研究书系遵照习近平主席"立足中国、借鉴国外,挖掘历史、把握当代,关怀人类、面向未来",加快构建中国特色哲学社会科学的总思路和总要求,力求秉持全球视野与中国经验并重原则,以中国视角,审视全球可持续发展的进程、格局和走向,分析总结中国可持续发展的绩效、经验和面临的挑战,为进一步推进中国乃至全球可持续发展建言献策。

我期待该书系的出版为促进全球和中国可持续发展事业发挥积极的作用。

王伟光

2016年8月12日

摘　要

2015年9月，世界各国领导人会聚美国纽约联合国总部，召开联合国可持续发展峰会，正式批准《变革我们的世界——2030年可持续发展议程》（简称《2030发展议程》）。该议程涵盖经济、社会、环境三大领域，包括17项目标和169个具体目标，内容可以归结为人、地球、繁荣、和平和合作伙伴五个大类。其中目标5是"实现性别平等，增强所有妇女和女童的权能"，分为9个具体目标。除此之外，性别视角在其他16项目标中均有体现，可以说，新议程的每一个目标都与性别平等议题息息相关。

本书分为导论、五个主体章节和结论共七个部分，以《2030发展议程》中的性别平等目标为核心，在性别平等融入国际发展框架的大趋势中，结合《千年发展目标》目标3及其他与性别平等相关目标的执行情况，深入探讨《2030发展议程》性别平等目标提出的背景、该目标在过去一年的全球推进中取得的成绩以及落实该目标仍将面临的挑战；全面总结中国实施《千年发展目标》中性别平等目标所取得的巨大成就、积累的成功经验和前进中面临的障碍和挑战，并为中国到2030年实现性别平等的可持续发展目标提出了可行性建议。

本书提出了四个核心观点。

第一，性别平等与可持续发展是一个有机整体，落实《2030发展议程》性别平等目标的过程，与执行联合国第59届妇女地位委员会制定的"到2030年全面实现性别平等"目标的过程是相通的，都属于实现性别平等的可持续发展宏伟目标的总体过程。

第二，在全球视野下，过去15年，世界各国通过努力实施《千年发展目标》性别平等目标，取得了不同程度的进步，但是进展极不平衡，世界上任何一个国家都没有实现性别平等，而且部分进步也可能发生逆转。所有这些进展既为贯彻落实《2030发展议程》性别平等目标奠定了基础，也留下了异常艰巨的任务。从过去一年的情况来看，《2030发展议程》性别平等目标在全球的推进已取得一定成绩，但仍然面临世界经济体制不够合理、传统习俗和陈旧刻板的性别观念难以根除等问题的挑战。

第三，中国是世界的一部分，中国实现性别平等的努力是全球性别平等运动的有机组成部分。过去15年中国实施《千年发展目标》性别平等目标的艰苦努力取得了丰硕成果，积累了丰富的实践经验，以"春蕾计划"、"母亲水窖"、"女大学生创业导师"与"巾帼建功"等活动为代表的成功案例，不仅惠及中国性别平等事业，也可为其他发展中国家提供借鉴。所有这些工作为中国实现《2030发展议程》性别平等目标奠定了坚实基础。就最新发展来看，中国政府对于落实《2030发展议程》的基本立场是"主动参与""积极落实"，相关工作已陆续展开，落实《2030发展议程》已经写入2016年出台的国家"十三五"规划，中国政府积极统筹国内国际两个大局，逐步形成内外联动态势。与此同时，中国的落实工作同样面临各种障碍与挑战。因此，展现强烈的政治意愿、建立强有力的问责机制、将社会性别纳入可持续发展的主流、强化社会性别统计等各项措施,都将有助于到2030年实现性别平等的可持续发展这一宏伟目标。

第四,关于中国特色,中国一方面要与国际接轨,以《2030发展议程》提出的各项目标以及相关监测指标为标准,为在国内实现性别平等的可持续发展目标而奋斗;另一方面必须立足本土,结合自己的国情,设计出能够衡量中国特有议题的指标体系,找到与之相适应的发展路径,在更好地落实《2030发展议程》性别平等目标的同时,为在全球范围内实现性别平等的可持续发展提供具有示范意义的"中国模式"。

中国外交史学者章百家曾用"改变自己,影响世界"来概括20世纪中国外交发展的基本线索。在《千年发展目标》已经到期、《2030发展议程》刚刚开启、联合国第59届妇女地位委员会确定到2030年全面实现性别平等宏伟目标之际,中国人民将与世界各国一起,"改变自己,影响世界",超越辞藻,从承诺到行动,以担当精神推动全球妇女发展,为顺利完成《2030发展议程》、实现全球性别平等而努力。

Abstract

In September 2015, world leaders gathered together in the United Nations Headquarters in New York, and formally approved *Transforming our World: the* 2030 *Agenda for Sustainable Development* (2030 Agenda) at the United Nations Sustainable Development Summit. The Agenda covers the economic, social and environmental dimensions of sustainable development, includes 17 Goals and 169 targets, and can be summarized as 5 Ps: People, Planet, Prosperity, Peace and Partnership. The Goal 5 of the Agenda "Achieve gender equality and empower all women and girls", has 9 targets. Besides, gender perspective is incorporated and reflected in the other 16 Goals. Therefore, each target of the new agenda is closely linked with gender equality.

This book consists of 7 parts, including the Introduction, 5 main chapters and the Conclusions. With the gender equality related goals and targets of *the* 2030 *Agenda* as the core and the integration of gender equality in the framework of the international development as the trend, the background, achievements and challenges of gender - related goals and targets of the Agenda will be explored together with the implementation of Goal 3 of the *Millennium Development Goals (MDGs)* and other gender equality related goals and targets. China's tremendous achievements, successful experience and challenges in the implementation of relevant goals and targets of the *MDGs* are also fully summarized to provide recommendations to achieve gender equality and sustainable development goals by 2030.

This book presents 4 core ideas.

First, gender equality and sustainable development is an holistic part, and the implementation of gender equality related goals and targets of *the 2030 Agenda* and the implementation of the full realization of gender equality by 2030 adopted by the 59th Session of the Commission on the Status of Women (CSW) of the United Nations is interconnected as both belong to the process of the realization of gender equality.

Second, under the global perspective, the past 15 years witnessed various degrees of progress achieved by countries around the world through the implementation of the gender equality related goals and targets of the *MDGs*. However, the progress was uneven and no country in the world has achieved gender equality related goals and targets, and some progress may even be reversed. All of these laid the foundation to the implementation of gender equality related goals and targets of *the 2030 Agenda*, and also left behind an extremely arduous task. Reviewing last year's situation, the enhancement of gender equality related goals and targets of *the 2030 Agenda* has made some achievements, but still faced the challenges left by the irrational world economic system, traditional practices and gender stereotypes, which are difficult to eradicate.

Third, China is part of the world and its efforts to realize gender equality is an important part of the global efforts to realize gender equality. China has accumulated plenty of practical experience when implementing the gender equality related goals and targets of the *MDGs* and has achieved fruitful results in the past 15 years. The successful practices such as "Spring Bud Program", "Water Cellar for Mothers" "Mentors for Female College Students on Entrepreneurship" and "Making Contributions Actions" not only benefit gender equality in China, but also provide a reference for other developing countries. All of these laid a solid foundation to achieve the gender equality related goals and targets of *the 2030 Agenda*. The Chinese government's basic stance for the implementation of *the 2030 Agenda* is "active participation" and "active implementation," and the related work has been launched and also written into the 13th Five – year Plan. The Chinese government has actively coordinated both the domestic and the international resources to fully implement the relevant goals and targets. At the same time, China's implementation of the relevant goals and targets also faces various obstacles and challenges. Therefore, demonstrating a strong political will, establishing a strong accountability mechanism, mainstreaming gender into sustainable development and strengthening gender – responsive statistics will help achieve the gender equality related goals and targets by 2030.

Fourth, as for the Chinese characteristics, China needs to follow the international standards and works hard to realize the gender equality related goals and targets as well as the relevant monitoring indicators of *the 2030 Agenda* in the country on the one hand; it must also design a set of indicators based on its own national condition to measure the progress and find a suitable development path for itself on the other hand. Only by doing so, can it better implement the gender equality related goals and targets of *the* 2030 *Agenda* and provide the "Chinese model" to the world when realizing gender equality related goals and targets.

The Chinese scholar Zhang Baijia has described the basic clue of the Chinese diplomacy in the 20th Century as "Change ourselves and influence the world." The *MDGs* has just expired, *the* 2030 *Agenda* has just launched, and the 59th Session of CSW has identified the full realization of gender equality in 2030. On these occasions, the Chinese people will stand together with people all over the world to "change ourselves and influence the world." We will go beyond the words, translate the commitments to actions, and promote women's development in the world with our full spirit and work hard to the successful completion of *the* 2030 *Agenda* and the realization of gender equality.

目 录
CONTENTS

导论 实现性别平等的可持续发展 …………………… 001
  一 性别平等与可持续发展的关系 …………………… 002
  二 推动全球性别平等的重要事件与国际文书 ……… 003
  三 从联合国《千年发展目标》到《2030 发展议程》 …… 006
  四 中国政府对落实《2030 发展议程》性别平等目标的
     承诺 …………………………………………………… 010

第一章 《2030 发展议程》性别平等目标的提出背景 …… 013
  第一节 性别平等与可持续发展议题 ………………… 014
    一 性别平等议题融入可持续发展进程 …………… 015
    二 《千年发展目标》中的性别平等目标与监测指标 …… 021
  第二节 落实千年发展目标 3 的整体进展 …………… 029
    一 千年发展目标 3 的落实情况 …………………… 029
    二 其他与性别平等相关指标的落实情况 ………… 033
  第三节 国际社会对 2015 年后可持续发展目标的期待 …… 035
    一 对《千年发展目标》目标 3 监测指标有效性的质疑 …… 035
    二 各方对 2015 年后可持续发展目标的建议 ……… 037
  小 结 …………………………………………………… 044

第二章 《2030发展议程》中性别平等议题的目标设定 …… 046
第一节 《2030发展议程》性别平等目标的基本架构 …… 046
一 《2030发展议程》性别平等目标的基本内容 …… 047
二 《2030发展议程》性别平等目标的全球监测 …… 051
三 《2030发展议程》性别平等目标引发的国际关注 …… 055
第二节 落实《2030发展议程》性别平等目标的必要性 …… 059
一 《2030发展议程》目标5.1~5.6对应的全球现状 …… 059
二 《2030发展议程》目标5.a~5.c对应的国际现状 …… 070
小 结 …… 077

第三章 《2030发展议程》性别平等目标的全球推进 …… 078
第一节 《2030发展议程》性别平等目标的实践积累 …… 078
一 《2030发展议程》目标5.1~5.6的前期实践 …… 080
二 《2030发展议程》目标5.a~5.c的前期实践 …… 088
第二节 《2030发展议程》性别平等目标的新推进 …… 095
一 落实《2030发展议程》性别平等目标的有效举措 …… 095
二 落实《2030发展议程》性别平等目标面对的机遇和挑战 …… 104
小 结 …… 113

第四章 中国落实《2030发展议程》性别平等目标的优势基础 …… 114
第一节 中国政府对《千年发展目标》中性别平等目标的承诺 …… 114

一　性别平等在中国国家领导人重大国际场合讲话中得到
　　强化 …………………………………………………… 115
二　《中国妇女发展纲要》与中国促进妇女发展的一贯政策 … 119
第二节　中国促进性别平等的进展与成就 ……………………… 124
一　中国执行千年发展目标3的主要成绩与具体措施 …… 124
二　中国促进性别平等、赋权妇女的综合成就与宏观
　　举措 …………………………………………………… 131
第三节　促进性别平等的中国经验与成功案例 ………………… 136
一　"春蕾计划"与"大地之爱·母亲水窖" ……………… 136
二　"女大学生创业导师"活动与"巾帼建功"活动 …… 141
三　《反家庭暴力法》与"政策法规性别平等咨询评估
　　机制" ………………………………………………… 146
小　结 ……………………………………………………………… 149

第五章　中国落实《2030发展议程》性别平等目标的行动与挑战 …………………………………………………………… 150

第一节　中国实施《2030发展议程》性别平等目标的立场与
　　　　行动 …………………………………………………… 150
一　落实《2030发展议程》的中方立场 ………………… 151
二　落实《2030发展议程》的中国行动 ………………… 153
第二节　中国落实《2030发展议程》性别平等目标的巨大
　　　　挑战 …………………………………………………… 156
一　落实《2030发展议程》目标5面临的挑战 ………… 157
二　应对其他目标中的性别平等议题面临的挑战 ……… 163

第三节　对中国落实《2030发展议程》性别平等目标的
　　　　建议 …………………………………………… 166
　一　中国学者对可持续发展目标的建议 ……………… 166
　二　强化实施"社会性别主流化"战略的政治意愿 …… 168
　三　加强社会性别统计以提升性别平等措施的有效性 … 174
　小　结 ……………………………………………………… 177

结论　改变自己　影响世界 …………………………… 179

参考文献 ………………………………………………… 184

索　引 …………………………………………………… 204

后　记 …………………………………………………… 207

导论　实现性别平等的可持续发展

2015年8月,联合国193个会员国代表就"2015年后可持续发展"①达成一致,形成题为《变革我们的世界——2030年可持续发展议程》(以下简称《2030发展议程》)的文件。9月,世界各国领导人会聚美国纽约联合国总部,召开联合国可持续发展峰会,正式批准《2030发展议程》。该议程涵盖经济、社会、环境三大领域,包括17项目标和169个具体目标,内容可以归结为人、地球、繁荣、和平和合作伙伴五个大类。《2030发展议程》是一张宏伟蓝图,它规划了一条结束全球贫困,为所有人构建尊严生活,并且"不让一个人被落下"的可持续发展途径。

其中,目标5是"实现性别平等,增强所有妇女和女童的权能"②

---

① "2015年后可持续发展"是在《2030发展议程》通过之前,《千年发展目标》即将到期之际,国际社会对于未来应该怎么办的一种思考,也有人写作"后2015可持续发展""2015后可持续发展"。

② 对"empower all women and girls"有多种译法,如"增强所有妇女和女童的权能""赋权妇女与女童""赋予妇女与女童权利""赋予妇女与女童权能""赋予妇女与女童权力"等,对"empower women""women's empowerment""empowerment of women"等术语的翻译都有这种情况。本书在引用时尊重原译法,在其他情况下根据上下文酌情处理。

（以下简称"目标5"①），新议程的其他各项目标也都与性别平等相关。

一 性别平等与可持续发展的关系

性别平等与可持续发展之间有怎样的关系？世界各种国际机构、各国政府、专家学者对此有众多论述。总而言之，没有性别平等，就不可能实现可持续发展；不坚持可持续发展，性别平等也只是一句空话。

《联合国千年宣言》指出："自由．人们不分男女，有权在享有尊严、免于饥饿和不担心暴力、压迫或不公正对待的情况下过自己的生活，养育自己的儿女。以民心为本的参与性民主施政是这些权利的最佳保障。""平等．不得剥夺任何个人和任何国家得益于发展的权利。必须保障男女享有平等的权利和机会。""促进性别平等和赋予妇女权能，以此作为战胜贫穷、饥饿和疾病及刺激真正可持续发展的有效途径。"②

在讨论联合国《千年发展目标》这一人类消除贫困、促进发展的伟大事业时，性别平等本身有其内在的重要意义，因为一个人按照自己的选择去生活，免于绝对匮乏是一项基本人权，不管是男还是女，每个人都应当平等。同时，性别平等有助于提高经济效率和

---

① 《2030发展议程》的目标5"实现性别平等，增强所有妇女和女童的权能"是单列的性别平等目标，《千年发展目标》的目标5，是指"改善产妇保健"的目标。这两个目标5是不同文件的不同目标。在不影响理解的语境下，本文提到的"目标5"特指《2030发展议程》的目标5。
② 《联合国千年宣言》，A-55-L2，http://www.un.org/chinese/aboutun/prinorgs/ga/millennium/A-55-L2.htm。

实现其他重要发展目标。作为实现其他发展目标的一种工具，性别平等具有重要意义。世界银行的这个分析使用了阿马蒂亚·森（Amartya Sen）的观点：发展是所有人平等地扩大各种自由的过程。发展本身就意味着减少贫困人群，让人们获得更为公正的待遇。①

2012 年的《世界发展报告》特别强调，性别平等是智能经济学，能够从三个途径提高经济效率，改善发展结果：一是消除女性获得与男性同等的教育、经济机会及生产投入品的障碍可以带来生产率的提高，这在竞争日益加剧、全球化日益发展的环境中格外重要；二是改善妇女的绝对地位和相对地位有利于其他发展目标的实现，包括可以使其子女有更好的未来；三是建立公平的竞争环境，使女性和男性拥有同样的参与社会和政治事务、做出决定、影响政策的机会，这会使制度发展和政策选择更具代表性和包容性，从而走上更好的发展道路。②

《2030 发展议程》特别强调："实现性别平等和增强妇女和女童权能将大大促进我们实现所有目标和具体目标。如果人类中有一半人仍然不能充分享有人权和机会，就无法充分发挥人的潜能和实现可持续发展。"③

二 推动全球性别平等的重要事件与国际文书

在全球性别平等运动的发展历程中，有一系列重要事件和国

---

① 世界银行：《2012 年世界发展报告 性别平等与发展》，胡光宇、赵冰译，清华大学出版社，2012，第 3 页。
② 世界银行：《2012 年世界发展报告 性别平等与发展》，胡光宇、赵冰译，清华大学出版社，2012，第 3 页。
③ 《2030 发展议程》，第 20 段，https://sustainabledevelopment.un.org/content/documents/94632030%20Agenda_Revised%20Chinese%20translation.pdf。

际文书（见表1、表2），在促进性别平等、赋予妇女权力和推动妇女发展中具有标志性意义。

表1 实现性别平等的重要国际会议（1975～2000年）

年份	事件	文件	地点
1975	第一次世界妇女大会	《墨西哥宣言》《世界行动计划》	墨西哥城
1975～1985	联合国妇女十年	—	—
1980	第二次世界妇女大会	《联合国妇女十年后半期行动纲领》	内罗毕
1985	第三次世界妇女大会	《到2000年提高妇女地位前瞻性战略》	哥本哈根
1995	第四次世界妇女大会	《北京宣言》、北京《行动纲领》	北京
2000	联合国大会第23届特别会议	《政治宣言》《成果文件》	纽约

2000年9月，世界各国领导人汇聚美国纽约联合国总部，召开联合国千年首脑会议，通过《联合国千年宣言》。在此基础上提出《千年发展目标》，涵盖消灭极端贫困和饥饿、普及小学教育、促进性别平等并赋予妇女权力等8项发展目标。其中目标3即为"促进性别平等并赋予妇女权力"（以下简称"目标3"）。"《千年宣言》和《千年发展目标》为促进两性平等开启了一扇崭新的大门"，成为国际发展的驱动力量。首先，它是以人为中心、有时间限定和可测量的；其次，它以全球伙伴关系为基础，强调发展中国家自身的责任和发达国家支持发展中国家努力的责任；再次，《千年发展目标》具有前所未有的政治责任，在发展中和发达国家得到最高层次的政治支持以及市民社会和主要发展机制的支持；

最后，这些目标是可实现的。①

到《千年发展目标》提出为止，在国际社会提高妇女地位、实现性别平等的相关众多文件中，最具影响力和约束力、最重要的当属《消除对妇女一切形式歧视公约》（以下简称《消歧公约》）、联合国第四次妇女大会《行动纲领》（以下简称"北京《行动纲领》"）和联合国《千年发展目标》。第四次世界妇女大会通过的《北京宣言》和北京《行动纲领》列出了12个重大关切领域：妇女与贫穷、妇女与教育、妇女与健康、对妇女的暴力、妇女与武装冲突、妇女与经济、妇女权力与影响、提高妇女地位的制度机制、妇女人权、妇女与媒体、妇女与环境、女童。北京《行动纲领》是国际社会在赋权妇女和性别平等方面最全面的政治文件，它强调不同环境和框架下的妇女权利，并制定了相应的战略目标以及政府和其他部门在推动社会性别平等方面应采取的具体行动，包括立法、政策和措施等。②有关妇女的国际公约见表2。

表2 有关妇女问题的国际公约

年 份	名 称
1979	《消除对妇女一切形式歧视公约》
1999	《消除对妇女一切形式歧视公约的任择议定书》

---

① 联合国妇女发展基金：《通向性别平等之路：〈消除对妇女一切形式歧视公约〉、〈北京行动纲领〉和〈千年发展目标〉》，2005，http：//www.china-gad.org/uploadfile/200592314639560.pdf；Kofi A. Annan, "Foreword", *The Millennium Development Goals Report* 2005, p. 16, www.un.org/docs/summit2005/MDGBook.pdf；李英桃：《全球政治与性别平等：现状与挑战》，载李慎明、王逸舟主编《全球政治与安全报告（2008）》，社会科学文献出版社，2007，第316页。

② 李英桃：《全球政治与性别平等：现状与挑战》，载李慎明、王逸舟主编《全球政治与安全报告（2008）》，社会科学文献出版社，2007，第316页。

续表

年份	名称
1994	《消除对妇女的暴力行为宣言》
1974	《在非常状态和武装冲突中保护妇女和儿童宣言》
1967	《消除对妇女歧视宣言》
1962	《关于婚姻的同意、结婚最低年龄及婚姻登记的公约》
1960	《取缔教育歧视公约》
1958	《歧视（就业及职业）公约》
1957	《已婚妇女国籍公约》
1952	《妇女参政权公约》
1951	《同酬公约》
1949	《禁止贩卖人口及取缔意图赢利使人卖淫的公约》
2000	《联合国千年宣言》与联合国《千年发展目标》

三 从联合国《千年发展目标》到《2030发展议程》

2015年对全球可持续发展和性别平等来说都具有里程碑意义。从2000年联合国《千年发展目标》提出，到2015年《千年发展目标》的收官，再到《2030发展议程》中规定的2030年可持续发展目标（以下简称"2030发展目标"）启动，其间经历了15年的艰苦奋斗期，也是15年的发展机遇期。就性别平等议题而言，2015年还是第四次世界妇女大会召开20周年。

2015年3月9~20日，联合国妇女地位委员会第59届会议（以下简称"第59届妇地会"）在美国纽约联合国总部隆重召开。其主题是审议"第四次世界妇女大会及'2000年妇女：21世纪性别平等发展与和平'大会第23届特别会议成果文件的执行情况"，加速实现妇女和女童在其整个生命周期的性别平等和赋权，在制定 2015 年后发展议程的过程中,将性别平等纳入可持续发展的各个层面。[1] 在 2015 年 3 月 9 日的开幕式上,大会通过了《政治宣言》这一重要文件。《政治宣言》重申了第四次世界妇女大会《北京宣言》和北京《行动纲领》、大会第 23 届特别会议的成果文件以及妇女地位委员会在第四次世界妇女大会召开 10 周年和 15 周年时通过的宣言:"承诺进一步采取具体行动,以确保全面有效和加速执行《北京宣言》《行动纲领》以及大会第 23 届特别会议的成果文件。""承诺让所有利益攸关方参与实现性别平等以及赋予妇女和女童权能的进程,并呼吁各方强化这方面的努力",利用 2015 年及以后的一切机会和进程,加速实现、充分和有效实施《北京宣言》和北京《行动纲领》的目标,以期在每一个审查周期都能取得切实成果,努力争取到 2030 年全面实现性别平等和增强妇女权能。[2]

从《政治宣言》中可以看出,全球性别平等运动对于 2030 发展目标的制定和贯彻执行寄予厚望。和建花指出,"2030 年可持续发展议程,为各国妇女赋权和发展描绘了新的路线图,性别平等和妇女赋权不仅仅局限于可持续发展议程目标 5 中,而且体现在所有目标中。……因此在各国发展规划中,应把妇女置于中心位置,

---

[1] 笔者在对这次会议的观察和总结中讨论了相关问题。参见李英桃《二十年的成绩与挑战——联合国妇女地位委员会第 59 届会议观察与总结》,《妇女研究论丛》2015 年第 3 期,第 104~112 页。

[2] 《政治宣言》,E/CN.6/2015/L.1,http://www.un.org/ga/search/view_doc.asp?symbol = E/CN.6/2015/L.1&referer = http://www.unwomen.org/en/csw/csw59-2015&Lang = C;李英桃:《二十年的成绩与挑战——联合国妇女地位委员会第 59 届会议观察与总结》,《妇女研究论丛》2015 年第 3 期,第 105 页。

妇女组织在推动妇女发展中将起到更重要的作用"。① 蔡一平指出，"'北京+20'与'可持续发展目标'在时间上重合，或许可以看作性别议题已经全面地融入全球的发展议题，并在发展的话语中占据重要的位置。它并不是宣布北京《行动纲领》的过时，而是继《千年发展目标》之后为实现北京《行动纲领》中的未竟目标提供了新的机遇和平台。"②

甚至可以说，落实北京《行动纲领》的行动和实现《2030发展议程》——不仅包括其中目标5的内容的行动，而且包括全部可持续发展议程，实际上就是同一个议程。正如《变革我们的世界：2030年可持续发展议程》所说的，"我们今天宣布的17个可持续发展目标和169个具体目标展现了这个新全球议程的规模和雄心。这些目标寻求巩固发展《千年发展目标》，完成《千年发展目标》尚未完成的任务。它们要让所有人享有人权，实现性别平等，增强所有妇女和女童的权能。它们是整体的，不可分割的，并兼顾了可持续发展的三个方面：经济、社会和环境"。③ 文件进一步阐述："实现性别平等和增强妇女和女童权能将大大促进我们实现所有目标和具体目标。如果人类中有一半人仍然不能充分享有人权和机会，就无法充分发挥人的潜能和实现可持续发展。妇女和女童必须能平等地接受优质教育，获得经济资源和参政机会，并

---

① 和建花：《联合国妇地会第60届非政府组织论坛观察——可持续发展与妇女赋权》，《妇女研究论丛》2016年第3期，第126~127页。
② 蔡一平：《北京+20：站在促进性别平等的历史交叉点上》，《中国妇女报》2015年9月28日，第A04版。
③ 《变革我们的世界：2030年可持续发展议程》，https：//sustainabledevelopment. un. org/content/documents/94632030% 20Agenda_ Revised% 20Chinese% 20translation. pdf。

能在就业、担任各级领导和参与决策方面，享有与男子和男童相同的机会。我们将努力争取为缩小两性差距大幅增加投入，在性别平等和增强妇女权能方面，在全球、区域和国家各级进一步为各机构提供支持。将消除对妇女和女童的一切形式歧视和暴力，包括通过让男子和男童参与。"①

与联合国《千年发展目标》相比，《2030发展议程》有很多不同之处："我们今天宣布的框架远远超越了《千年发展目标》。除了保留消贫、保健、教育和粮食安全和营养等发展优先事项外，它还提出了各种广泛的经济、社会和环境目标。它还承诺建立更加和平、更加包容的社会。重要的是，它还提出了执行手段。新的目标和具体目标相互紧密关联，有许多贯穿不同领域的要点，体现了我们决定采用统筹做法。"②在性别平等议题上，新发展议程有三个重大进步。首先，从内容上看，可持续发展目标继续把性别平等和妇女赋权作为一个单独的目标（可持续发展目标5），具体目标更加细化，包括：消除一切针对女性的歧视；消除人口贩卖、性暴力等一切形式的针对女性的剥削及暴力行为；废除侵害女性的风俗；通过提供公共服务、基础设施和社会保障，承认女性家务劳动的价值，鼓励男女共同承担家庭责任；确保女性充分平等参与政治、经济和社会生活的决策。其次，相比千年发展目

---

① 《变革我们的世界：2030年可持续发展议程》，第20段，https://sustainabledevelopment.un.org/content/documents/94632030% 20Agenda _ Revised% 20Chinese% 20translation.pdf。

② 《变革我们的世界：2030年可持续发展议程》，第17段，https://sustainabledevelopment.un.org/content/documents/94632030% 20Agenda _ Revised% 20Chinese% 20translation.pdf。

标的三个核心指标——妇女的基础教育、就业和参政——来说，可持续发展目标中的性别平等目标全面综合地把涉及性别平等的各方面目标都整合在一起了。最后，性别平等作为一个跨领域的目标也明确体现在其他的可持续发展目标中，如消除贫困和饥饿、促进健康和就业、消除不平等，这些目标的实现都离不开性别平等目标的实现。①

因此可以说，这份新议程确定了到2030年全面实现"性别平等的可持续发展"的宏伟目标。

四　中国政府对落实《2030发展议程》性别平等目标的承诺

中国是世界的一部分，中国实现性别平等的努力是全球性别平等运动的有机组成部分。男女平等是中国的基本国策。1995年9月4日，在北京举行的联合国第四次世界妇女大会欢迎仪式上，中国国家主席江泽民在开幕式欢迎词中指出："中国政府一向认为，实现男女平等是衡量社会文明的重要尺度。新中国成立后，我国广大妇女成为国家和社会的主人。我们十分重视妇女的发展与进步，把男女平等作为促进我国社会发展的一项基本国策。我们坚决反对歧视妇女的现象，切实维护和保障妇女在国家政治、经济和社会生活中的平等地位和各项权益。中国是人口众多的国家，肩负着提高世界上近四分之一妇女地位的重任。我们将继续努力，为促进全球妇女事业的发展作出贡献。"②

---

① 亦平：《未来15年：全球向前看，女性向前行》，《中国妇女报·新女学周刊》2015年11月10日，第B01版。
② 《在联合国第四次世界妇女大会欢迎仪式上江泽民主席的讲话》（1995年9月4日），《中国妇运》1995年第11期，第21页。

中国政府一直非常重视妇女发展，早在 1995 年即推出第一份《中国妇女发展纲要》。作为《消歧公约》、北京《行动纲领》、《千年发展目标》等主要性别平等国际文书的缔约国，中国政府在国际上对促进性别平等、赋予妇女权力做出庄严承诺，并为此进行了持续不断的努力，已经取得卓越成就。

2015 年 9 月 27 日，中国国家主席习近平在纽约联合国总部出席并主持全球妇女峰会。他在题为《促进妇女全面发展 共建共享美好世界》的重要讲话中指出：

> 在联合国成立 70 周年、北京世界妇女大会召开 20 周年之际，我们在这里举行全球妇女峰会，为促进男女平等和妇女发展重申承诺、共谋未来，意义重大。
>
> ……
>
> 我们刚刚通过 2015 年后发展议程，性别视角已纳入新发展议程各个领域。让我们发扬北京世界妇女大会精神，重申承诺，为促进男女平等和妇女全面发展加速行动。
>
> ……
>
> 在中国人民追求美好生活的过程中，每一位妇女都有人生出彩和梦想成真的机会。中国将更加积极贯彻男女平等基本国策，发挥妇女"半边天"作用，支持妇女建功立业、实现人生理想和梦想。中国妇女也将通过自身发展不断促进世界妇女运动发展，为全球男女平等事业作出更大贡献。

对男女平等基本国策的重申和对《2030 发展议程》的承诺，都充分体现了中国政府在国内和全球范围内落实"性别平等的可持续发展"目标的意愿和决心。

本书将以"到 2030 年全面实现性别平等和赋权妇女"为核心目标，围绕《2030 发展议程》目标 5 "实现性别平等，增强所有妇女和女童的权能"进行梳理，系统回顾全世界在实现性别平等、赋权妇女、消除贫困、实现可持续发展方面取得的成绩与面临的挑战，详细梳理中国在实施《千年发展目标》、促进性别平等、推动妇女发展方面的努力，认真总结中国在实践中积累的成功经验，客观分析目前面临的挑战，并在此基础上提出可行的建议，为更好地落实《2030 发展议程》做出自己的贡献。

第一章 《2030发展议程》性别平等目标的提出背景

第二次世界大战结束后,在人们对于发展和发展路径的讨论中,一直缺少对妇女和性别问题的认识。直到60年代末,一些学者才开始关注第三世界妇女持续发展不足的状况。从70年代起,学者开始反思发展中国家的发展效益以及妇女的"缺席"问题。

与经济全球化的发展进程相伴,妇女在发展中被边缘化的程度越来越明显,在区域内部和区域之间都是如此。而贫困其实就是边缘化的具体体现。詹姆斯·H.米特尔曼(James H. Mittelman)在《全球化综合征》一书中指出:"随着经济的重构,正是妇女承担了被国家抛弃的大部分对全球化反应的责任,而与此同时,她们还承担着传统所规定的家务劳动。尽管一些妇女有了新的收入来源,但是,由于在全球化过程中传统的任务变得更困难,例如通过生产的空间重组而使妇女加入到正规的劳动力队伍中来,这对生活方式产生了不均衡的和分裂的影响。"[①]

与此同时,20世纪60~70年代以来,妇女作为环境保护与可

---

① 李英桃主编《女性主义国际关系学》,浙江人民出版社,2006,第249~291页。

持续发展领域的一支特殊的力量异军突起。1973年3月在印度高帕什渥的村庄发生的印度妇女的抱树运动（Chipko movement，1973年发生在印度的贫穷妇女拯救森林运动）就是一个典型案例。蕾切尔·卡逊（Rachel Carson）、芭芭拉·沃德（Barbara Ward）、弗朗索瓦兹·德奥博纳（Françoise d'Eaubonne）、范德那·席瓦（Vandana Shiva）、旺加里·马塔伊（Wangari Maathai）等是在全球环境保护与可持续发展中发挥重要作用的闪光的女性人物。人们对妇女与发展关系认识的改变和深化，也正是在这种背景下逐步发生的。

第一节　性别平等与可持续发展议题

在联合国第一个发展十年（1961~1970年）中，"妇女是否平等地受到发展的影响""妇女和男子是否获得平等赋权去影响和控制自然和社会环境，并有控制时间的权力"等问题，在关于发展的讨论中是不存在的。发展的实践者很少考虑妇女的需要。妇女被认为是由男子作为户主的家庭的一部分。而这种观点的潜台词就是，妇女是家庭的组成部分，只要把发展的利益给了家庭，就等于给了妇女。妇女是土地的耕种者、粮食交易的继承者、有酬工人和无酬工人，但她们没有被包括在决策者和规划人员的发展概念中。[①]

以丹麦学者博斯拉普（Ester Boserup）的《妇女在经济发展中的角色》为代表，发展与性别平等议题逐渐引起学者们的注意，并在国际舞台上引起越来越大的反响。

[①] 李英桃：《女性主义和平学》，上海人民出版社，2012，第236页。

一 性别平等议题融入可持续发展进程

博斯拉普1970年出版的《妇女在经济发展中的角色》是研究妇女与发展的一部里程碑之作,为妇女与发展理论奠定了基本的理论框架。她指出,各类发展计划并没有改善第三世界妇女的生活,反而削弱了她们在经济发展中的机会和地位。她们一般在农业上扮演生产食物的重要角色,但是现代化将她们从这种传统的生产功能中排除出去。博斯拉普呼吁发展计划者和决策者承认并肯定妇女在经济发展中的作用。[①]

从环境与发展角度看,1972年,"可持续发展"概念在瑞典的斯德哥尔摩召开的人类环境大会上被第一次提出。各国政要、学者对其做了不同的界定、解释,其中最有影响的就是以挪威总理布伦特兰(Gro Harlem Brundtland)为主席的世界环境发展委员会于1987年在《我们共同的未来》中提出的定义。

在性别平等方面,1972年联合国大会决议宣布将1975年定为"国际妇女年",以便加紧采取行动促进男女平等,确保妇女能充分实现全面的发展,并在促进世界和平方面做出贡献。1975年,第一次世界妇女大会,即国际妇女年世界会议在墨西哥城召开。会议通过《实现国际妇女年目标世界行动计划》。同年,联合国大会宣布1976~1985年为"联合国妇女十年:平等、发展与和平"。1976年创建了"联合国妇女十年自愿基金",以执行国际妇女年方案,特别是为发展中国家的妇女发展项目提供发展基金。1984年

[①] 〔丹〕埃斯特·博斯拉普:《妇女在经济发展中的角色》,陈慧平译,译林出版社,2010。

该基金改名为"联合国妇女发展基金",成为联合国的一个自治机构。指导联合国妇女发展基金工作的核心战略是:促进妇女经济保障和权利,推动性别敏感认识的立法和决策;强化妇女经济能力,加强管理,推动实现和平及安全。①

1979年,通过了《消歧公约》,把对妇女的歧视定义为:"基于性别而做的任何区别,排斥或限制,其影响或其目的均足以妨碍或否认妇女的人权和基本自由。"② 1981年,《消歧公约》正式生效。次年成立了联合国消除对妇女歧视委员会。1985年,第三次世界妇女大会即"审查和评价联合国妇女十年成就世界会议"在内罗毕召开,并通过了《到2000年为提高妇女地位前瞻性战略》。它以平等、发展与和平为总目标,为全世界妇女在2000年之前进一步实现男女平等、参与国家发展、维护世界和平提出了以行动为主,具有目标和措施的方案。

1986年,联合国首次发表《妇女在发展中的作用》世界调查报告。1990~1995年,1988年通过的《联合国妇女与发展中期计划》正式实施。该计划探讨了通过联合国机构及其他各种组织促进妇女地位提高的多种方法。1991年联合国首次出版了关于全球妇女状况的综合数据——《世界妇女状况:趋势和统计数据》。1991年,世界人权大会在维也纳召开。会议通过了《维也纳宣言和行动纲领》,承认妇女的权利是普遍人权不可剥夺、不可分割的一个组成部分。同年,通过了《消除对妇女暴力宣言》。

1992年的联合国环境与发展大会以"可持续发展"为指导方

---

① 联合国妇女发展基金相关情况参见联合国网站,http://www.un.org/chinese/esa/women/unifem.htm。

② 《消歧公约》,http://www.un.org/chinese/hr/issue/cedaw.htm。

针，在此基础上制定并通过《21世纪议程》和《里约宣言》等重要文件。

《21世纪议程》第24章专门提出了"为妇女采取全球性行动以谋求可持续的公平的发展方案领域"，建议各国政府订定的目标如下。

（a）执行《内罗毕提高妇女地位前瞻性战略》，特别是关于妇女参与国家生态系统管理和控制环境退化方面的战略；

（b）增加妇女在环境和发展领域的决策者、规划人员、技术顾问、管理人员和推广工作人员中的所占的比例；

（c）考虑在2000年前制订和公布一项战略进行必要的改革，消除阻碍妇女充分参与可持续发展和公众事务的宪法、法律、行政、文化、行为、社会和经济障碍；

（d）于1995年前设立国家、区域和国际各级的机制，以评价发展和环境政策和方案的执行情况及其对妇女的影响并确保她们的贡献和利益；

（e）同非政府组织合作，酌情评价、审查、修订和施行课程和其他教材，以通过正规和非正规教育以及培训机构促进对男女传播有关性别的知识，并评价妇女的作用；

（f）拟订和执行明确的政府政策和全国指导原则、战略和计划，以实现社会各方面的平等，包括促进妇女识字、教育、培训、营养和卫生和她们参与关键决策职位及环境管理，特别是通过增进她们取得各种信贷的机会，尤其是在非正规部门，采取措施保证妇女获得财产权以及农业投入和农具，协助她们取得资源；

（g）根据国家具体情况作为紧急事项采取措施，保证妇女和男子有同等的权利自由、负责地决定子女人数和生育间隔并能够获得适当的资料、教育和手段，使她们能够依照自由、尊严的原则和个人所持的价值观行使这项权利；

（h）考虑通过、加强和执行禁止对妇女使用暴力的立法并采取一切必要的行政、社会和教育措施消除对妇女的一切形式暴力。①

1994年，国际人口与发展会议在开罗召开。"本行动纲领建议国际社会承担起一系列的重要人口和发展目标，以及相互支持、对实现这些目标具有关键意义的质量和数量指标。这些目标和指标是：可持续发展条件下的持续经济增长；教育特别是女童教育；性别的公平和平等；降低婴儿、儿童和产妇死亡率；普遍提供生殖保健服务，包括计划生育和性健康。"其第四章题为"男女平等、公平和赋予妇女权力"，指出"赋予妇女权力，让她们自主，提高她们的政治、社会、经济地位，改进她们的健康状况，本身就是一个十分重要的目标，对实现可持续发展也至关重要"。② 1995年，联合国第四次世界妇女大会在北京召开，通过《北京宣言》和北京《行动纲领》。《北京宣言》向全世界宣布：

我们深信：
……
13. 赋予妇女权力和在平等基础上充分参加社会所有领域

---

① 《二十一世纪议程》，http：//www.un.org/chinese/events/wssd/chap24.htm。
② 《国际人口与发展大会行动纲领（1994）》（ICPD Programme of Action 1994），https：//www.unfpa.org/sites/default/files/event-pdf/PoA_en.pdf。

包括参加决策进程和掌握权力的机会，是实现平等、发展与和平的基础；

14. 妇女的权利就是人权；

15. 平等的权利、机会和取得资源的能力，男女平等分担家庭责任和他们和谐的伙伴关系，对他们及其家庭的福祉以及对巩固民主是至关重要的；

16. 在持续的经济增长、社会发展，环境保护和社会正义的基础上消灭贫穷，需要妇女参加经济和社会发展，男女有平等的机会并作为推动者和受益者充分和平等地参加以人为中心的可持续发展；

17. 明白确认和重申所有妇女对其健康所有方面特别是其自身生育的自主权，是赋予她们权力的根本；

18. 地方、国家、区域和全球的和平是可以实现的，是与提高妇女地位不可分割地联系在一起的，因为妇女是在所有各级领导、解决冲突和促进持久和平的基本力量；

19. 必须在妇女充分参与下，设计、执行和监测在所有各级实施的有利于赋予妇女权力和提高妇女地位的切实有效而且相辅相成的对性别问题敏感的政策和方案；

20. 民间社会所有行动者，特别是妇女团体和网络以及其他非政府组织和社区组织，在其自主权获得充分尊重的情况下，与各国政府合作做出参与和贡献，对有效执行《行动纲领》并采取后续行动十分重要；

21. 《行动纲领》的执行需要各国政府和国际社会做出承诺。各国政府和国际社会做出国家和国际行动承诺，包括在世界会议上做出承诺，就是确认有必要为赋予妇女权力和提高妇女地位采取优先行动。①

第四次世界妇女大会北京《行动纲领》明确提出,"以男女平等为基础的崭新合作关系是以人为中心的可持续发展的一项条件",并列出了12个重大关切领域：妇女与贫穷、妇女与教育、妇女与健康、对妇女的暴力、妇女与武装冲突、妇女与经济、妇女权力与影响、提高妇女地位的制度机制、妇女人权、妇女与媒体、妇女与环境、女童。

北京《行动纲领》是国际社会在赋权妇女和性别平等方面最全面的政治文件,被称为"社会性别平等的全球发展蓝图"②。它强调不同环境和框架下的妇女权利,并制定了相应的战略目标以及政府和其他部门在推动社会性别平等方面应采取的具体行动,包括立法、政策和措施等。北京《行动纲领》还指出,妇女往往起着领导作用或带头促进一种环境道德规范,提倡减少资源的使用,反复利用并回收资源以减少浪费或过度的浪费,妇女可以起一种极其有益的作用,影响可持续发展消费方面的决定。③

从国际社会和世界各国普遍认识到的性别平等与可持续发展的关系,可以清楚地看到,两者是紧密联系、不可分割的整体；妇女是实现可持续发展的主力军,没有性别平等就不可能有可持续发展；赋予妇女权力是实现性别平等和可持续发展的关键。

---

① 《第四次世界妇女大会文件：〈北京宣言〉和〈行动纲领〉》,《第四次世界妇女大会重要文献汇编》,中国妇女出版社,1998,第160~161页。
② 李英桃:《二十年的成绩与挑战——联合国妇女地位委员会第59届会议观察与总结》,《妇女研究论丛》2015年第3期,第106页。
③ 《第四次世界妇女大会文件：〈北京宣言〉和〈行动纲领〉》,《第四次世界妇女大会重要文献汇编》,中国妇女出版社,1998,第292页。

二 《千年发展目标》中的性别平等目标与监测指标

2000年9月,在联合国千年首脑会议上,由189个国家的147位国家和政府首脑签署了《联合国千年宣言》,正式做出承诺,将全球贫困水平在2015年之前降低一半(以1990年的水平为标准)。该宣言列举的与性别平等直接相关的关键目标包括"必须保障男女享有平等的权利和机会""促进性别平等和赋予妇女权能,以此作为战胜贫穷、饥饿和疾病及刺激真正可持续发展的有效途径"以及"打击一切形式的对妇女的暴力行为,并执行《消除对妇女一切形式歧视公约》"等。[1]

2001年9月6日,在联合国第56届大会上,联合国的191个成员国家一致通过具体行动计划《〈联合国千年宣言〉实施路线图》,将联合国《千年发展目标》的项目细分为8项目标18项具体目标,并以48项具体指标来衡量,同时给出了实现这些目标和具体目标的路径,即"前进战略"。联合国《千年发展目标》已成为国际社会衡量发展进度、指导国际发展合作的重要纲领。

联合国前秘书长科菲·安南(Kofi Annan)在《安南回忆录 干预:战争与和平中的一生》中指出:"在2000年之前,所有这些目标及附属指标都已由主要成员国以某种形式表示了口头的和书面的支持。但是这些表示支持的承诺一直缺乏实施的动力,便逐渐消失了,或是基本被忽视了。"[2] "通过签署《千年宣言》,

---

[1] 《联合国千年宣言》,A/55/L2,http://www.un.org/chinese/aboutun/prinorgs/ga/millennium/A-55-L2.htm。

[2] 〔加纳〕科菲·安南、〔美〕纳德尔·莫萨:《安南回忆录 干预:战争与和平中的一生》,尹群、王小强、王帅译,译林出版社,2014,第172页。

各成员国不仅在口头上承诺消除贫困，而且也统一建立一个制度，根据这个制度，每个成员国都将有可能在世界舞台上被公开问责。"① 他分析了宣言通过时各国领导的可能想法："我猜想，很多国家是在不经意间签署了这个文件，并没有意识到它将催生的东西具有多大的力量，可能还以为它会像许多其他的联合国宣言那样很快夭折。"②

在《千年发展目标》的 8 个目标中，目标 3 直接与性别平等相关，具体目标是"争取到 2005 年消除小学教育和中学教育中的两性差距，最迟于 2015 年在各级教育中消除此种差距"，具体目标见表 1－1。

表 1－1　目标 3：促进性别平等并赋予妇女权力

具体目标	目标内容	监测指标
具体目标 4	最好到 2005 年在初等教育和中等教育中消除两性差距，最迟于 2015 年在各级教育中消除此种差距	9. 初等、中等和高等教育中女童和男童的比例 10. 15～24 岁人口女男识字比例 11. 妇女在非农业部门挣工资者中所占份额 12. 国家议会中妇女所占席位比例

资料来源：《执行联合国千年宣言的行进图：秘书长的报告》，A/56/326，http：//mdgs.un.org/unsd/mdg/Resources/Static/Products/SGReports/56_326/a_56_326c.pdf。

《千年发展目标》中直接与妇女相关的目标还有目标 5 "改善产妇保健"，其具体目标和指标见表 1－2。

---

① 〔加纳〕科菲·安南、〔美〕纳德尔·莫萨：《安南回忆录 干预：战争与和平中的一生》，尹群、王小强、王帅译，译林出版社，2014，第 172 页。
② 〔加纳〕科菲·安南、〔美〕纳德尔·莫萨：《安南回忆录 干预：战争与和平中的一生》，尹群、王小强、王帅译，译林出版社，2014，第 173 页。

表 1-2 目标 5：改善产妇保健

具体目标 6	1990~2015 年将产妇死亡率降低 3/4	16. 产妇死亡率
		17. 由熟练保健人员接生的比例

资料来源：《执行联合国千年宣言的行进图：秘书长的报告》，A/56/326，http：//mdgs.un.org/unsd/mdg/Resources/Static/Products/SGReports/56_326/a_56_326c.pdf。

"消除极端贫穷与饥饿"在联合国《千年发展目标》中居于首位（见表 1-3），具体目标为：靠每日不到 1 美元维生的人口比例减半和挨饿的人口比例减半。表面看来，这一目标是针对所有的男人和女人的，没有区分性别，但是，学者常用"贫穷有一张女人的脸"（Poverty has a woman's face）描述妇女与贫穷之间的关系。2003 年，布伦特兰夫人在《在二十一世纪贫穷仍然有一张女人的脸》一文中写道："在全世界最贫穷的十亿人中，妇女占 3/4。在许多国家，妇女不拥有、不能继承也挣不来任何东西。"[1] 实现社会性别平等，使男女两性平等地参与发展并从发展中受益，是一切可持续发展的核心内容与终极目标之一[2]，但是"一个重要趋

表 1-3 目标 1：消灭极端贫穷和饥饿

具体目标 1	1990~2015 年将每日收入低于 1 美元的人口比例减半	1. 每日收入低于 1 美元的人口比例
		2. 贫穷差距比（发生率×贫穷严重程度）
		3. 最贫穷的 1/5 人口的消费在国民消费中所占份额
具体目标 2	1990~2015 年将挨饿的人口比例减半	4. 体重不足儿童（5 岁以下）的普遍性
		5. 低于食物能量消耗最低水平的人口比例

资料来源：《执行联合国千年宣言的行进图：秘书长的报告》，A/56/326，http：//mdgs.un.org/unsd/mdg/Resources/Static/Products/SGReports/56_326/a_56_326c.pdf。

---

[1] Gro Harlem Brundtland, "In the XXI Century Poverty still Has a Woman's Face", http：//www.tierramerica.net/english/2003/0309/igrandesplumas.shtml.

[2] "在国际劳工组织成员中提高社会性别主流化能力"中国项目组：《提高社会性别主流化能力指导手册》，中国社会出版社，2004，第 3 页。

势是妇女更加贫穷,而贫穷程度因区域而异"。①因此,实现消除贫困目标最关键的部分就是减少妇女的贫困人数,改善妇女生活。

由于歧视妇女的社会文化和教育资源分配的不平等状态等,处于贫困状态的女童的平等受教育权利在世界很多国家和地区未能得到保障。到《千年发展目标》提出之时,全世界已逐步达成一个共识:如果女童教育领域不取得快速而显著的发展,全世界的发展就不可能顺利实现。所以说,目标2(见表1-4)与性别平等的关联极为密切。

表1-4 目标2:普及初等教育

具体目标3	确保到2015年,任何地方的儿童不论女童或男童,都能完成全部初等教育课程	6. 初等教育净入学率 7. 一年级学生读到五年级的比例 8. 15~24岁人口的识字率

资料来源:《执行联合国千年宣言的行进图:秘书长的报告》,A/56/326,http://mdgs.un.org/unsd/mdg/Resources/Static/Products/SGReports/56_326/a_56_326c.pdf。

贫穷与健康问题紧紧缠绕在一起,而在非洲一些地区,艾滋病也"有一张女人的脸"。艾滋病是一个典型的社会性别问题。艾滋病毒/艾滋病最初是在男性同性恋者身上发现,并较多在男同性恋者和共用被污染针头的吸毒者中传染,然后蔓延开来。因此,最初男性感染者的数目要远远大于女性。2000年以后,女性感染者比例不断上升的原因是多方面的,但这些原因都与女性的生理结构和社会地位特别是后者密切相关。欠发达国家、贫困人口、贫困妇女在艾滋病毒/艾滋病流行中的脆弱性是显而易见的:"世界范围内,艾滋病病毒是一种贫困和社会性别不平等的疾病,艾

---

① 《第四次世界妇女大会文件:〈北京宣言〉和〈行动纲领〉》,《第四次世界妇女大会重要文献汇编》,中国妇女出版社,1998,第180页。

滋病病毒流行的数据证明，艾滋病爆发比例最高的是最贫困的地区，在这些地区，妇女比男性的感染人数更多，年轻妇女多数都有罹患艾滋病的危险。"[1] 我国学者指出，艾滋病的发展传播中存在明显的社会性别不公平，传统的社会性别制度进一步恶化了女性艾滋病患者的社会处境，不仅使女性在患病后难以获得家庭和社区的支持，而且会面临来自家庭和社区的双重压力。因此，在艾滋病传播中我们要更关注处于弱势地位的女性艾滋病患者的权利。[2]

由此可见，《千年发展目标》中的目标6（见表1-5）同样是一个深具性别意义的议题，同样是性别平等和赋权妇女的重要部分。

表1-5 目标6：与艾滋病毒/艾滋病、疟疾和其他疾病做斗争

具体目标7	到2015年制止并开始扭转艾滋病毒/艾滋病的蔓延	18. 15~24岁孕妇感染艾滋病毒的普遍程度
		19. 避孕普及率
		20. 因艾滋病毒/艾滋病而成为孤儿的人数
具体目标8	到2015年制止并开始扭转疟疾和其他主要疾病的发病率增长	21. 疟疾发病率及与疟疾有关的死亡率
		22. 疟疾风险区使用有效方法预防和治疗疟疾措施的人口比例
		23. 肺结核发病率及与肺结核有关死亡率
		24. 短期直接观察治疗方案下查出和治愈的肺结核病例比例

资料来源：《执行联合国千年宣言的行进图：秘书长的报告》，A/56/326，http://mdgs.un.org/unsd/mdg/Resources/Static/Products/SGReports/56_326/a_56_326c.pdf。

---

[1] Global AIDS Alliance, "Violence against Women and Children & HIV/AIDS", www.globalaidsalliance.org/page/-/documents/FactSheet_VAWC.doc.

[2] 张翠娥：《社会性别与艾滋病——对一位女性艾滋病患者生命历程的性别分析》，《妇女研究论丛》2008年第3期，第12~16页。

事实上,《千年发展目标》8 个目标中的目标 4 "降低儿童死亡率"、目标 7 "确保环境的可持续能力"和目标 8 "制订促进发展的全球伙伴关系"同样是性别平等议题。

联合国于 2002 年设计的用于衡量《千年发展目标》进展情况的目标、具体目标和指标一直沿用到 2007 年。根据 2005 年世界首脑会议①上成员国达成的协议以及 2006 年联合国秘书长在其工作报告②中的建议,2007 年《千年发展目标》监测框架得到了修订,增加了新的具体目标。2007 年联合国大会注意到联合国秘书长报告阐述的新框架,该框架由《千年发展目标》指标机构间专家组推荐,包括了新的具体目标的进展监测指标。之后执行的《千年发展目标》官方框架取代了 2003 年起执行的前一版本。③ 从 2008 年 1 月 15 日起执行的这套指标的 8 项目标共有 21 个具体目标,有进展监测指标 60 个。文件同时要求"所有指标应尽可能按性别以及城市和农村分列",进一步凸显了对性别差异和城乡差异的关注。

同时,目标 3 中的指标"15~24 岁人口女男识字比例"由于和目标 2 中的相关指标重复而被去掉;目标 5 由原来的 2 个指标细化为 6 个指标;目标 1 加了一个具体目标,由原来的 5 个指标变为 9 个指标;目标 6 由原来的 2 个具体目标变为 3 个;监测指标由 7

---

① 《联合国大会决议》,A/RES/60/1,https://documents-dds-ny.un.org/doc/UNDOC/GEN/N05/487/59/PDF/N0548759.pdf?OpenElement。
② 《秘书长报告》,A/61/1,第 24 段,http://www.un.org/chinese/ga/61/docs/a61_1/a61_1.shtml。
③ 《关于千年发展目标指标》,http://mdgs.un.org/unsd/mdg/Host.aspx?Content=Indicators/About.htm。

个变为9个。具体情况见表1-6。

表1-6 调整后的《千年发展目标》具体目标与监测指标

目标1：消除极端贫穷与饥饿		
具体目标	目标内容	监测指标
具体目标1.A	1990~2015年，将每日收入低于1美元的人口比例减半	1.1 每日收入低于1.25美元（购买力平价）的人口比例
		1.2 贫困差距率
		1.3 最贫困的1/5人口的消费占国民总消费的份额
具体目标1.B	使包括妇女和青年人在内的所有人都享有充分的生产性就业和适合的工作	1.4 就业人口人均GDP增长率
		1.5 人口就业率
		1.6 依靠每日低于1.25美元（购买力平价）维生的就业人口比例
		1.7 全部就业人口中自营就业和家庭雇员所占比例
具体目标1.C	1990~2015年，将挨饿人口的比例减半	1.8 5岁以下儿童中体重不达标的比例
		1.9 低于最低食物能量摄取标准的人口比例

目标2：普及小学教育		
具体目标	目标内容	监测指标
具体目标2.A	确保到2015年，世界各地的儿童，不论男女都能完成小学全部课程	2.1 小学净入学率
		2.2 从一年级读到小学最高年级的学生比例
		2.3 15~24岁男女人口识字率

目标3：促进性别平等和增强妇女权能		
具体目标	目标内容	监测指标
具体目标3.A	争取到2005年消除小学教育和中学教育中的两性差距，最迟于2015年在各级教育中消除此种差距	3.1 小学、中学、高等教育中女生对男生比率
		3.2 非农业部门有酬就业者中妇女比例
		3.3 国家议会中妇女所占席位比例

续表

目标5：改善产妇保健		
具体目标	目标内容	监测指标
具体目标5.A	1990~2015年，将产妇死亡率降低3/4	5.1 产妇死亡率
^	^	5.2 由卫生技术人员接生的新生儿比例
具体目标5.B	到2015年普遍享有生殖保健	5.3 避孕普及率
^	^	5.4 青少年生育率
^	^	5.5 产前护理覆盖率（至少接受过1次及至少接受过4次产前护理）
^	^	5.6 未满足的计划生育需要

目标6：与艾滋病毒/艾滋病、疟疾和其他疾病做斗争		
具体目标	目标内容	监测指标
具体目标6.A	到2015年遏制并开始扭转艾滋病毒/艾滋病的蔓延	6.1 15~24岁人口艾滋病毒感染率
^	^	6.2 最近一次高风险性行为中使用避孕套的比例
^	^	6.3 15~24岁人口中全面正确了解艾滋病毒/艾滋病的人口比例
^	^	6.4 10~14岁孤儿与非孤儿入学人数比
具体目标6.B	到2010年向所有需要者普遍提供艾滋病毒/艾滋病治疗	6.5 艾滋病重度感染者中可获得抗逆转录病毒药物的比例
具体目标6.C	到2015年遏制并开始扭转疟疾和其他主要疾病的发病率增长	6.6 疟疾发病率和死亡率
^	^	6.7 5岁以下儿童中在经杀虫剂处理的蚊帐中睡觉的人口比例
^	^	6.8 5岁以下发烧儿童中得到适当治疟疾药物治疗的人口比例
^	^	6.9 肺结核发病率、流行率和死亡率

资料来源：《千年发展目标指标官方一览表》，http://mdgs.un.org/unsd/mdg/Resources/Attach/Indicators/OfficialList2008_Cn.pdf。

在落实《千年发展目标》的前进战略中,国际社会敦促人们在产妇死亡率、艾滋病毒/艾滋病的预防、性别敏感教育等领域做出更大努力,倡导在就业方面增强妇女权能并支持妇女成为政府及其他决策机构的高级官员。①

第二节 落实千年发展目标 3 的整体进展

对于全球性别平等运动而言,实现性别平等并非不可能的任务。《联合国千年宣言》和《千年发展目标》是过去 15 年世界的总体发展框架,是世界各国为改善生存和发展状态的整体性努力,是集全人类的力量共同推动全球性别平等的指导文件。"'千年发展目标'的核心是对妇女能力提升所作特殊贡献的理解,今天人们对此的理解虽越来越深但仍不完整;妇女能力的提升将有力地促进消除贫困、可持续发展、改善教育、实行善治和维护人权等一系列更广泛目标的实现。""在联合国眼里,妇女问题是永远不会被忽视的。"②

一 千年发展目标 3 的落实情况

对于《千年发展目标》的落实情况,联合国秘书长每年提交的秘书长报告以及《千年发展目标》实施报告都有非常详尽的跟踪数据。为了保证能够反映最新的发展情况和研究成果,本节主

---

① 石小玉主编《世界经济社会统计新进展 2009》,中国统计出版社,2009,第 332 页。
② 〔加纳〕科菲·安南、〔美〕纳德尔·莫萨:《安南回忆录 干预:战争与和平中的一生》,尹群、王小强、王帅译,译林出版社,2014,第 176 页。

要选用联合国于2015年发布的《千年发展目标报告（2015年）》①提供的数据，呈现并分析目标3"促进性别平等和增强妇女权能"的落实情况。2008年开始使用的调整后的指标是目标执行情况的基准测量工具。

首先看目标3"促进性别平等和增强妇女权能"的落实情况。

目标3的第一个监测指标为小学、中学、高等教育中女生对男生比率。相比15年前，现在更多的女孩在上学。发展中地区整体而言已经实现消除小学、中学和高等教育中两性差距的具体目标。在南亚的小学教育中，1990年，相对于每100个男孩入学只有74个女孩入学，而今天相对于每100个男孩入学有103个女孩入学，具体情况见图1-1。

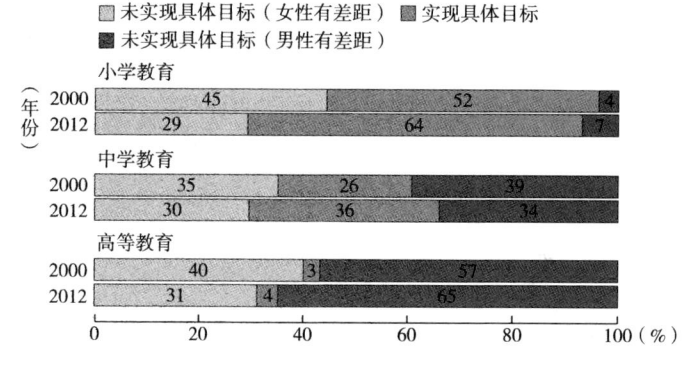

图1-1　2000年和2012年，发展中地区小学、中学和高等教育性别均等具体目标实现情况的国家比例分布

资料来源：《千年发展目标报告（2015年）》，第29页，http://mdgs.un.org/unsd/mdg/Resources/Static/Products/Progress2015/Chinese2015.pdf。

目标3的第二个监测指标为非农业部门有酬就业者中妇女比例。从图1-2可以清楚地看到，女性获取有偿就业的机会不断扩

---

① 联合国：《千年发展目标报告（2015年）》，http://mdgs.un.org/unsd/mdg/Resources/Static/Products/Progress2015/Chinese2015.pdf。

展,但一些地区水平仍然很低。非农业部门有偿工作者中女性的比例从 1990 年的 35% 提高到今天的 41%。脆弱就业是指自营就业和作为家庭雇员就业。从图 1-3 可以看到,1991~2015 年,脆弱就业的女性占整个女性就业的比例下降了 13 个百分点。与之相比,

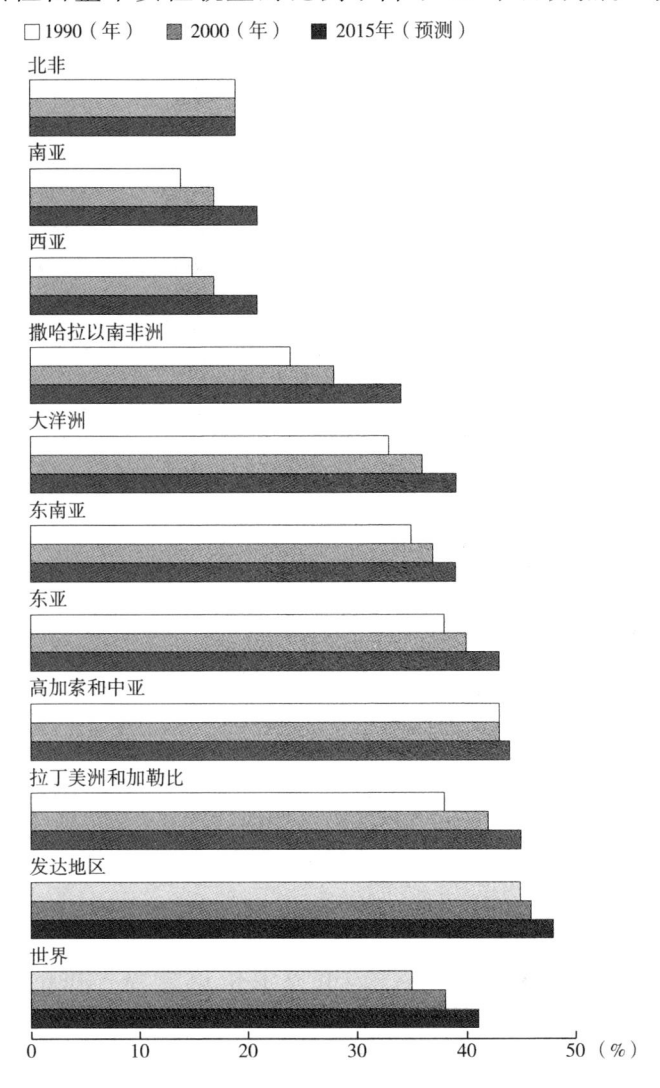

图 1-2　1990 年、2000 年和 2015 年非农业部门有偿就业中女性的占比

资料来源:《千年发展目标报告(2015 年)》,第 30 页,http://www.un.org/millenniumgoals/2015_ MDG_ Report/pdf/MDG%202015%20rev%20(July%201).pdf。

脆弱就业的男性比例下降了9个百分点。女性在劳动力市场仍处于劣势地位。

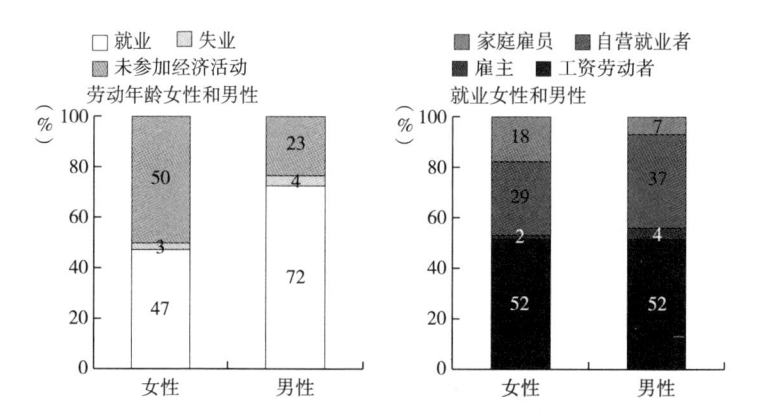

图1-3　2015年，按劳动力参与划分的劳动年龄（15岁及以上）女性和男性分布以及按就业状况划分的就业女性和男性分布

注：2015年的数据为预测数。由于四舍五入的原因，图中比重之和不一定为100%。

资料来源：《千年发展目标报告（2015年）》，第30页，http://mdgs.un.org/unsd/mdg/Resources/Static/Products/Progress2015/Chinese2015.pdf。

目标3的第三个监测指标为国家议会中妇女所占席位比例。在具有过去20年数据的174个国家中，近90%的国家的女性议会代表人数有所增加。同期，女性在议会中的平均比例增长了近1倍，但每5个议员中仍然只有1个为女性。

《千年发展目标：2015年进度表》[①]是基于联合国粮食及农业组织、各国议会联盟、国际劳工组织、国际电信联盟、联合国艾滋病规划署、联合国教科文组织、联合国人居署、联合国儿童基金会、联合国人口司、世界银行、世界卫生组织等提供的截至2015年6月可获得的统计数据，由联合国经济和社会事务部统计司编制

---

① 《千年发展目标：2015年进度表》，http://mdgs.un.org/unsd/mdg/Resources/Static/Products/Progress2015/Progress_C.pdf。

而成的。根据该表，《千年发展目标》中目标 3 的 3 个监测指标的全球进展情况如图 1-4 所示。

目标和具体目标	非洲		亚洲				大洋洲	拉丁美洲和加勒比	高加索和中亚
	北非	撒哈拉以南非洲	东亚	东南亚	南亚	西亚			
女童平等接受小学教育	近于均等	近于均等	均等	均等	均等	近于均等	近于均等	均等	均等
妇女在有酬就业者中比例	低比例	中等比例	高比例	中等比例	低比例	低比例	中等比例	高比例	高比例
妇女在国家议会中平等代表性	中等代表性	中等代表性	中等代表性	低代表性	低代表性	低代表性	很低的代表性	中等代表性	低代表性

图 1-4 目标 3 促进性别平等和增强妇女权能进展情况

注：进度表分两个层次，各个单元格中的文字表示目前的发展水平，根据图例，不同颜色表示实现具体目标的进度。

资料来源：《千年发展目标：2015 年进度表》，http://mdgs.un.org/unsd/mdg/Resources/Static/Products/Progress2015/Progress_C.pdf。

二 其他与性别平等相关指标的落实情况

除了目标 3 以外，与性别平等直接相关的目标涉及两性平等的情况包括以下几方面。

目标 2：1990~2015 年，全球 15~24 岁的青年识字率从 83% 上升至 91%，女性与男性的差距减小。

目标 5：1990 年以来，全世界孕产妇死亡率下降了 45%，其中大部分发生在 2000 年以后；1990~2013 年，南亚的孕产妇死亡率下降了 64%，撒哈拉以南非洲下降了 49%；全球由熟练医护人员接生的比例超过 71%，比 1990 年的 59% 有所增长；北非的孕妇获得 4 次或更多次的产前护理的比例在 1990~2014 年从 50% 增长到 89%；全世界 15~49 岁已婚或有伴侣的妇女采取措施避孕的比例从 1990 年的 55% 上升到 2015 年的 64%。[①]

---

① 《千年发展目标报告（2015 年）》，http://mdgs.un.org/unsd/mdg/Resources/Static/Products/Progress2015/Chinese2015.pdf。

整体来看,性别不平等依然顽固。女性在获取工作、经济资产以及参与私人和公共决策方面仍受到歧视。女性生活贫困的可能性也比男性要大。在拉丁美洲和加勒比地区,尽管整体地区贫困率下降,但生活在贫困家庭中的女性对男性的比率,从1997年的108∶100上升到了2012年的117∶100。女性在劳动力市场上依然处于不利地位。全球约有3/4的劳动年龄男性进入劳动力市场,而劳动年龄女性只有一半。全球而言,女性的报酬比男性低24%。在具有2012~2013年按教育程度划分的失业率数据的92个国家中,85%的国家里接受过高等教育的女性比同等教育水平的男性失业率高。尽管世界在不断进步,但要在全球范围内实现私人和公共决策中的性别平等还有很长的路要走。[①]

结合联合国第59届妇女地位委员对于全球执行北京《行动纲领》情况的判断,性别平等和赋权妇女取得了巨大成就,其中比较显著的进步包括:越来越多的女童获得前所未有的教育机会,孕产妇死亡率大幅度降低,更多妇女成为商界、政府和国际组织领导人,等等。同时,潘基文(Ban Ki-moon)在发言中承认:"进展依然缓慢,而且成果随时可能出现逆转。"[②] 大会对当前性别平等与赋权妇女形势的基本判断是:进展缓慢而不均衡,仍然存在重大差距,在执行北京《行动纲领》12个重大关切领域过程中,包括结构性障碍在内的各种障碍依然存在,在第四次世界妇女大

[①] 联合国:《千年发展目标报告(2015年)》,http://mdgs.un.org/unsd/mdg/Resources/Static/Products/Progress2015/Chinese2015.pdf。

[②] Ban Ki-moon,"Statement http," www.un.org/sg/statements/index.asp? nid = 8449;李英桃:《二十年的成绩与挑战——联合国妇女地位委员会第59届会议观察与总结》,《妇女研究论丛》2015年第3期,第106页。

会召开 20 年后，没有一个国家完全实现了妇女和女童的平等和赋权，在全球范围内，妇女与男子、女童和男童之间仍然存在严重的不平等，许多妇女和女童在整个寿命周期经历多重和交叉形式的歧视、脆弱性和边缘化。①

第三节　国际社会对 2015 年后可持续发展目标的期待

《千年发展目标》为全世界规划了一个以消除贫困为核心的雄心勃勃的发展蓝图。在肯定其积极、进步意义的同时，针对《千年发展目标》的目标 3 的指标设置及其有效性，包括联合国系统、相关非政府组织、学者等，都提出很多批评和质疑，以及各种意见和建议。

一　对《千年发展目标》目标 3 监测指标有效性的质疑

围绕目标 3 的监测指标包括 2008 年前的 4 个和之后的 3 个监测指标的质疑之声体现在多个方面，主要观点如下②。

第一，实现千年发展目标 3 仍然不能保证全面实现男女平等，因为即使在学校教育中实现了性别平等，这种平等可能也无法转化为其他领域如劳动力市场的平等或在国民收入中所占份额的平等。

---

① 李英桃：《二十年的成绩与挑战——联合国妇女地位委员会第 59 届会议观察与总结》，《妇女研究论丛》2015 年第 3 期，第 106 页。

② Annalise Moser, "GENDER and INDICATORS Overview Report", July 2007, p. 34, http://www.bridge.ids.ac.uk/sites/bridge.ids.ac.uk/files/reports/IndicatorsOR-final.pdf.

第二，用来监测实现千年发展目标 3 进展情况的指标没有涉及妇女的权利、妇女赋权、针对妇女的暴力或妇女贫困这样的关键问题。即便在已经基本实现了千年发展目标 3 的各项监测指标的那些国家，妇女仍然遭受暴力，甚至可能没有获得堕胎的权利。

第三，关于"15~24 岁男女人口识字率"这一指标的选择，问题尤其严重，因为识字率数据在许多国家是不可靠的。这个指标在 2008 年虽已经不在目标 3 的监测指标中了，但仍然是整个监测指标的组成部分。

第四，虽然入学率是衡量教育投入的重要指标，但它无法代替同样重要的毕业率和学习成绩。

第五，妇女在议会中所占席位比例并非衡量赋权妇女的好指标，因为它无法衡量妇女是否在议会中真正具有决策权，也无法测量妇女在参与地方各级政府决策方面所取得的进展。

第六，妇女在工资就业方面人数的增加可能导致妇女承受双重的工作负担，因为她们所从事的大量无酬家务劳动和照顾家庭成员的工作并没有被列入监测范围。

尽管存在众多质疑之声，但正如安南所说的，"一些对该协议有异议的人也从来没有否认它的意义。……它已经不仅仅是一个突破性的联合国宣言了——它是全世界社会运动的醒目标志"。[①] 而这些问题，在落实《千年发展目标》进程的截止时间——2015 年——到来之前，成为各方为 2015 年后可持续发展议程出谋划策、

---

① 〔加纳〕科菲·安南、〔美〕纳德尔·莫萨：《安南回忆录 干预：战争与和平中的一生》，尹群、王小强、王帅译，译林出版社，2014，第 173 页。

提供意见和建议的基础。

二 各方对 2015 年后可持续发展目标的建议

在《千年发展目标》的实施过程中，各方陆续提出了各种衡量上述发展目标的建议指标。例如，美国前国务卿希拉里·克林顿（Hillary Clinton）在 2015 年第 59 届妇女地位委员会期间召开的"赋权妇女原则 2015 年年会——无限潜力：性别平等商业伙伴"边会的发言中指出，实现性别平等不仅在道德上是正确的，在现实中也是明智的。增加妇女人数，使其达到"临界量"（critical mass），无论对企业还是对国家，都是聪明的做法，是赋权妇女的智慧。她主张在 2015 年后可持续发展议程的所有目标中加入性别平等，在所有工作中都把妇女和女童从边缘带到主流中来，释放她们的能量和雄心。①

又如，"千年发展目标"项目工作组为跟踪实现千年发展目标而提出的建议指标如表 1-7 所示②。

2013 年 6 月，联合国妇女署推出一份题为《实现性别平等、妇女权利和赋权妇女的变革性的独立目标：必要性和关键要素》的

---

① （Part 3）Hillary Rodham Clinton，"Women's Empowerment Principles 2015"，Annual Event - CSW59 Side Event，10 Mar 2015，http：//webtv.un.org/search/part - 3 - hillary - rodham - clinton - women%E2%80%99s - empowerment - principles - 2015 - annual - event - csw59 - side - event/4103680428001？term = Women%E2%80%99s；李英桃：《二十年的成绩与挑战——联合国妇女地位委员会第 59 届会议观察与总结》，《妇女研究论丛》2015 年第 3 期，第 108~109 页。

② Annalise Moser，"GENDER and INDICATORS Overview Report"，July 2007，p.35，http：//www.bridge.ids.ac.uk/sites/bridge.ids.ac.uk/files/reports/IndicatorsOR-final.pdf.

表1-7 "千年发展目标"项目工作组为跟踪实现千年
发展目标提出的建议指标

战略优先事项1	教 育
女男的小学、中学和大学教育的毛入学率之比	
女男的小学、中学和大学教育的完成率之比	
战略重点2	性与生殖健康和权利
避孕需求的满足比例	
青少年的生育率	
战略重点3	基础设施
每天（或每年）妇女与男子挑水收集燃料的小时数	
战略重点4	财产权
由男、女或共同有的土地所有权	
有男性、女性分有或共同持有房屋所有权	
战略重点5	就 业
妇女在就业领域的份额，按类型分，挣工资和自我雇佣都包括在内	
在盈利的工资和自我就业中的性别差距	
战略重点6	参加国家议会和地方政府机构
妇女在国家议会中所占席位比例	
妇女在地方政府机构所持席位的百分比	
战略重点7	对妇女的暴力
家庭暴力的发生状况	

资料来源：Annalise Moser, "GENDER and INDICATORS Overview Report", July 2007, p. 35, http://www.bridge.ids.ac.uk/sites/bridge.ids.ac.uk/files/reports/IndicatorsORfinal.pdf。

立场文件，呼吁在2015年后发展框架和可持续发展目标中加入对实现性别平等、妇女权利和赋权妇女的承诺，并努力将社会性别意识纳入所有工作的主流。

联合国妇女署提出的这个综合方案针对三个关键目标领域，即性别平等、妇女权利和赋权妇女，具体包括如下内容：一是消除针对妇女和女童的暴力行为——采取具体措施消除对暴力和对经历暴力的恐惧,这必须是任何未来框架的中心议题;二是能力上的两性平等,包括知识、身体健康、性与生殖健康、妇女和少女的生殖权利,以及获得资源和机会的权利,包括土地、体面工作和同工同酬,以为妇女提供经济和社会保障;三是公共和私营机构中决策权的性别平等,包括在国家议会和地方议会、媒体和民间社会、企业的管理和治理以及家庭和社区。[1]

联合国秘书长潘基文在2015年《千年发展目标》的报告中强调,"过去二十年,实现妇女和女孩在教育、就业和政治代表上的平等已经取得了很多进步,但仍存在很大差距,特别是在《千年发展目标》没有覆盖的领域。为普遍实现男女平等和增强妇女权能,需要关注性别不平等的重点领域,包括法律和实际中的性别歧视、针对妇女和女孩的暴力、劳动力市场中男女机会的差距、无偿照料和家务劳动的不平等分工、女性对资产和财产的有限控制权以及女性在参与私人和公共决策方面的不平等。应该在2015年后发展议程的所有目标中全面引入性别视角"。[2]

在《2030发展议程》正式确定之前,国际女性主义者联合发

---

[1] UN Women Policy Division, "A transformative stand – alone goal on achieving gender equality, women's rights and women's empowerment: Imperatives and key components", http://www2.unwomen.org/~/media/headquarters/attachments/sections/library/publications/2013/10/unwomen_post2015_positionpaper_english_final_web%20pdf.pdf?v=2&d=20141013T121454; http://www.unwomen.org/en/digital-library/publications/2013/7/post-2015-long-paper.

[2] 《千年发展目标报告2015年》,第31页,http://mdgs.un.org/unsd/mdg/Resources/Static/Products/Progress2015/Chinese2015.pdf。

起了《为了可持续发展，必须实现性别、经济、社会与生态公正——女性主义者对联合国 2015 之后发展议程的声明》（以下简称《女性主义声明》）。该声明指出：

> 我们要寻求一个根本性的转变，即在结构上与本质上的转变，拒绝当今新自由主义、竭泽而渔式和排他的发展模式再继续下去，这样的模式已经使得财富、权力与资源上的不平等继续存在，不管是在国与国之间、国家内部，或是在男人与女人之间。我们也要挑战既存的安全范式，这种范式不停地扩张对军事工业及其相关产业的投资，并导致和加剧国与国之间和国家内部的暴力冲突。
>
> ……
>
> 任何 2015 之后的可持续发展框架必须以致力于实现社会包容和公平、人类安全和可持续和平以及所有人的人权和性别平等为目标。它要求检视当今用巨大的军费开支来维持军事化的和平与安全的安全模式；尊重那些已经有明确法律规范的国家的世俗化，它要求我们改变当今过度消费与生产的模式，并迈向一种可持续性的消费、生产与分配方式，并确保制订一个新的生态可持续的计划，这一计划应该考虑到生态圈的承载力，尊重地球的限制以及生态可持续性。

在此观点基础上，《女性主义声明》提出的要求主要涉及性别平等、教育、健康、经济正义、生态正义和可持续发展框架实施方式的问题，强调性别平等跨越并涵盖所有可持续发展目标、策略及宗旨，同时必须是一个独立目标（见表1-8）。

表1-8 《女权主义声明》要点及主要内容

要　点	主要内容
性别平等	1. 性别平等跨越并涵盖所有可持续发展的目标、策略以及宗旨 2. 必须是一个独立的目标,以达到性别平等和充分实现妇女的人权 3. 重新分配现在过度集中的权力、财富与资源,包括信息与技术 4. 创造一种有利的环境,能赋权于所有妇女与女童,并终止所有形式的性别暴力,包括终止早婚与强迫婚,终止荣誉谋杀与性暴力,特别是发生在冲突与自然灾难之中和之后的性暴力,终止基于性别、性取向、种族、族群、文化背景或健康状态的各种形式的歧视 5. 要确保妇女能平等、全面并有效地参与各种层次的政治与公众生活,能够担任领导并做出决定,包括在缔结和平的过程中 6. 确保妇女有平等的土地权与财产权 7. 确保所有女性在性、身体以及生育自主权上都不会遭受到污名、歧视与暴力 8. 搜集分性别、年龄、种族、族群、地域、残疾状况或经济社会地位的资料和统计数据,为建立、监测和评估法律、政策和项目提供信息依据
教　育	1. 任何教育上的目标必须包括专门的手段以确保能够解决在社会、文化和社区中存在的那些可能会阻碍女童、女青年以及妇女在其生命历程中接受、完成教育或是进行终身学习的障碍 2. 为女童创造一个有利的学习环境,包括提供安全保障、良好的卫生条件和流动的自由。保障所有儿童享有高质量的幼儿早期教育,以及小学、初中与高中教育,消除教育上的性别差距 3. 特别关注在小学升入初中,以及中学升入高中的转型时期,以确保女童和女性青少年能够继续留在学校完成学业 4. 为所有女性提供正规和非正规教育,让她们了解并且能够行使她们的人权 5. 提供全面综合的性教育,促进尊重人权、自由、反歧视、性别平等、非暴力以及和平的价值观 6. 建立有性别意识的课程大纲,消除性别刻板印象、性别歧视、种族主义和对同性恋的恐惧 7. 为教师提供相关的培训,使之有能力传达这些不带偏见、不做价值评判的教育理念

续表

要　点	主要内容
健　康	1. 努力达到最高标准的健康权利，包括性与生育的健康与权利 2. 健康服务必须是整合且全面的，不受暴力、强迫、污名与歧视等影响，强调每个人享有公平地获得健康服务的权利，特别是对于年轻人，要为其提供避孕服务特别是紧急避孕服务，提供关于协助生育的信息、产妇护理、安全堕胎、对性传播疾病的预防和治疗，对艾滋病的预防、关怀和支持 3. 为那些遭受暴力侵害和处于紧急状态下和武装冲突中的人们提供医疗健康服务 4. 所有这些服务必须是可及、可负担、能被接受且高质量 5. 有关健康的新投资与策略、发展目标、对象以及指标都必须深植于人权的原则上，包括性和生育权
经济正义	1. 建立一个对于发展有利的国际环境，支持马斯特里赫特原则中规定的国家应该承担域外责任以保障宏观经济和财政政策符合经济和社会权利。这包括以发展为导向的贸易、财政、货币以及汇率政策；累进税率；主权债务试验机制；终止那些使国家与人民陷入赤贫的贸易与投资协议；挑战全球知识产权架构；消除有害的补贴；通过推进经济部门的多样化，推广一种包容性的和可持续的工业化策略，以提高生产力，从碳排放量强度大的工业社会转型为安全的和对环境友好的社会 2. 改变劳动的性别分工，对于有酬工作与无酬工作进行重新分配，同时确保每个人都可以拥有体面工作以及一份得以维生的薪水 3. 建立一套普遍可及的社会保障体系，为各年龄的每个人都提供可及的基本服务，如健康照料、小孩与长者照料、教育、食物、水、卫生设施、能源、住房以及就业 4. 承认照料工作的价值，通过全球的照料工作链来保护从事照料工作的工人的权利 5. 保证妇女有平等的使用资源的权利 6. 在符合预警原则的前提下促进技术转让，提供资金，进行监测、评估和研究 7. 为性别平等和妇女人权提供更多的资金，并把以保障军事安全为主的对于军事工业的投资转投到保障人类安全上面

续表

要　点	主要内容
生态正义	1. 确保生态系统的健康，保护和恢复生态系统为我们提供服务的能力 2. 承认并尊重自然所具有的内在价值 3. 终止将自然进行商品化 4. 确保一个安全、可持续且正义的生产与消费模式 5. 消除危险的物质与技术 6. 确保每个人的食物主权与水资源主权 7. 特别关注拥有小规模农地的农夫、渔民 8. 解决在都市或乡村小区中生活的贫穷妇女所面对的不平等、压力与剥削，包括逆转快速且不具持续性的都市化的步伐，以防止生态系统的进一步恶化和资源的过度使用，这种快速的不可持续的都市化加剧了都市、城乡接合部以及农村地区的不公正 9. 生态正义要求加强落实联合国海洋法公约，实施关于国家的域外责任的马斯特里赫特原则 10. 要清楚地承认气候变迁已经造成了文化与生态系统的无可挽回的损失，和许多发展中的小岛屿国家面临的危机特别是联合国气候变化公约建立的损失和伤害机制进一步强化了这些危机
治理问责及可持续发展框架的实行方式	1. 要求优先考虑公共财政而不是公私部门的合作，并在涉及可持续发展的相关公共部门与私人部门中，确保其运作透明可信 2. 所有的公共预算都必须透明，接受公众的质询，具有性别视角，并且为实现以上提出的这些优先目标提供足够的资金。我们一定要确保妇女有意义地参与到发展计划的目标、政策和项目的设计、执行、监督和评估中去 3. 在和平谈判的进程中妇女也应该扮演同样角色 4. 要保护所有的女性人权捍卫者，保障她们的安全，使其免于受到迫害 5. 当女性人权受到侵害时，要保证她们及时有效地获取国内的救济途径来解决 6. 对发展计划的监测与评估必须包括国家提交的普遍定期审议报告、执行《消歧公约》及其任意议定书的报告，以及就其他人权机制和多边环境协议等所应尽的义务提出的相关报告 7. 对非国家的行动者，特别是跨国企业以及公共部门和私人部门的伙伴关系、企业进行规范，问责和强调透明度是达到可持续发展的关键 8. 正义可以在没有一个有效的治理机制下成为可能，只要能够保证对所有人权加以尊重、加强人权的执行性及可诉性，同时保证法治，以及公民社会的全面参与，而这是以男女平等为先决条件的

资料来源：《女性主义声明》，http://www.graypanthersnyc.org/archive/accomplishments/2015-final.pdf。

性别平等本身是一个跨领域议题，无论是联合国系统还是国际非政府组织，或女性主义学者个人，各方一致的看法是：《千年发展目标》中的性别平等目标有诸多不理想之处，在制定"2015年后发展议程"时，不仅要有一个单独的性别平等目标，还应将性别平等意识纳入整个发展议程的每一目标，透过性别视角审视其他所有目标。

小　结

发展与性别平等是紧密相连、相互依存和共同发展的。在联合国《千年发展目标》中，除了目标3外，其他目标的完成也离不开实现性别平等这一目标。在2000年提出的《联合国千年宣言》和《千年发展目标》到期之际，联合国经过充分酝酿，于2015年9月通过了《2030发展议程》，因此它又被称为"2015年后发展议程"。

整体来看，过去15年间，世界各国在落实千年发展目标3方面取得了不同程度的进步，但是进展极不平衡，世界上的任何一个国家都没有实现性别平等目标。而目前所取得的成绩，为贯彻落实《2030发展议程》奠定了基础，但也留下艰巨任务并带来巨大挑战。

需要补充的是，"2011年1月1日，联合国妇女署开始正式运作。作为联合国系统负责妇女事务的主要机构，联合国妇女署致力于推进全球妇女事业发展，特别是在联合国各层面纳入性别观念及向各国提供政策指导和技术支持。该机构的创设是联合国经社领域改革的重要进展，标志着联合国系统内性别主流化趋势进一步加强"。① 该机构的成立对在今后的 15 年里更好地贯彻落实《2030 发展议程》，到 2030 年实现全球性别平等的目标将发挥积极作用。

---

① 中华人民共和国外交部政策规划司编《中国外交 2012 年版》，世界知识出版社，2012，第 229 页。

第二章 《2030发展议程》中性别平等议题的目标设定

继《千年发展目标》之后，联合国在《2030发展议程》中重新设定了性别平等目标，在保留《千年发展目标》涉及的相关议题的基础上，增加了新的内容，并将性别视角纳入其他的可持续发展目标。为了监测和审查《2030发展议程》的进展情况，联合国统计委员会为每个目标拟订了具体指标，细化了每个具体目标的内容，为数据采集提供具体而有针对性的参考。本章将分析和概括《2030发展议程》性别平等目标及其全球监测拟订指标的具体内容，论述国际社会对于该议程的关注态度并梳理《2030发展议程》性别平等目标新增议题所对应的国际现状。

第一节 《2030发展议程》性别平等目标的基本架构

《2030发展议程》经历了3年的制定过程，2012年的联合国可持续发展大会正式提出制定2015年后可持续发展议程的计划并在当年专门成立了可持续发展目标开放工作组；2014年7月，该工作组向联合国大会提交了包括17个可持续发展目标在内的建议性文件；2014年12月，联合国秘书长潘基文提交了《2030年享有尊严之路：消除贫穷，改变所有人的生活，保护地球——秘书长关于2015后可持续发展的综合报告》，为各方开展谈判提供了基础；2015年9月25日，世界各国的主要领导人在美国纽约联合国总部召开的可持续发展峰会上正式通过了《2030发展议程》。

2015年9月25日，在联合国总部召开的可持续发展峰会正式通过的《2030发展议程》以提高全球人类的福祉为宗旨，该议程的目标和具体指标设定为未来国际社会的发展提供了大方向。该议程涵盖了减贫、健康、性别平等、生态环境和经济发展等17项可持续发展目标，其目标5为"实现性别平等，增强所有妇女和女童的权能"，是一项针对妇女和女童发展的可持续发展目标。除了目标5之外，性别议题与其他的可持续发展目标均有密切的联系，妇女和女童多次作为目标群体出现在其他目标的具体指标中。

一 《2030发展议程》性别平等目标的基本内容

《2030发展议程》包括17项可持续发展目标，该议程突出了性别平等与妇女和女童赋权工作的重要性。《2030发展议程》的"我们的愿景"部分这样写道："我们要创建一个普遍尊重人权和人的尊严、法治、公正、平等和不歧视，尊重种族、民族和文化多样性，实行机会均等以充分发挥人的潜能和促进共同繁荣的世界，一个注重对儿童投资和让每个儿童在没有暴力和剥削的环境中成长的世界，一个每个妇女和女童都充分享有性别平等，一切阻碍她们享有权能的法律、社会和经济障碍都被清除的世界，一个公正、公平、容忍、开放、有社会包容性、最弱势群体的需求得到满足的世界。"① 毫无疑问，在这样的世界里，每一个妇女和女童都能够不受任何歧视、充分享有其在各领域应有的权能，充分发挥其潜能，为世界发展贡献力量。为了实现这一目标，《2030发展议程》制定了性别平等目标，也就是目标5。

《2030发展议程》目标5包括消除歧视，消除一切形式的暴力行为，消除童婚、早婚、逼婚及割礼等一切伤害行为，认可和尊重无偿护理和家务，提倡家庭内部平等，促进妇女的政治参与、经济赋权和信息赋权等9个具体目标，其中5.1～5.6的内容对应"实现性别平等"的部分，5.a～5.c的内容对应"增强所有妇女和儿童的权能"的部分（见表2-1）。

表2-1 《2030发展议程》性别平等目标

实现性别平等	5.1 在全球消除对妇女和女童一切形式的歧视
	5.2 消除公共和私营部门针对妇女和女童一切形式的暴力行为，包括贩卖、性剥削及其他形式的剥削
	5.3 消除童婚、早婚、逼婚及割礼等一切伤害行为
	5.4 认可和尊重无偿护理和家务，各国可视本国情况提供公共服务、基础设施和社会保护政策，在家庭内部提倡责任共担
	5.5 确保妇女全面有效参与各级政治、经济和公共生活的决策，并享有进入以上各级决策领导层的平等机会
	5.6 根据《国际人口与发展会议行动纲领》、北京《行动纲领》及其历次审查会议的成果文件，确保普遍享有性和生殖健康以及生殖权利

---

① 《改变我们的世界：2030年可持续发展议程》，第4页，https://www.unfpa.org/sites/default/files/resource-pdf/Resolution_A_RES_70_1_CH.pdf。

续表

增强妇女和女童的权能	5.a 根据各国法律进行改革，给予妇女平等获取经济资源的权利，以及享有对土地和其他形式财产的所有权和控制权，获取金融服务、遗产和自然资源
	5.b 加强技术特别是信息和通信技术的应用，以增强妇女权能
	5.c 采用和加强合理的政策和有执行力的立法，促进性别平等，在各级增强妇女和女童权能

资料来源：《改变我们的世界：2030 年可持续发展议程》，https://www.unfpa.org/sites/default/files/resource-pdf/Resolution_A_RES_70_1_CH.pdf。

除了单独列出的性别平等目标 5，《2030 发展议程》其他可持续发展目标也都体现了性别视角，在消除贫困、消除饥饿、确保健康福祉、确保平等教育、提供水和环境卫生、促进经济增长和获得体面工作、减少内部不平等、创建可持续发展城市和创建和平包容的社会这几个方面，明确列出了针对妇女和女童的内容。没有明确列出针对妇女和女童相关内容的其他目标，也与妇女和女童有着千丝万缕的联系，比如目标 9 提到的"大幅提升信息和通信技术的普及度，力争到 2020 年在最不发达国家以低廉的价格普遍提供因特网服务"（目标 9.c）与目标 5 的"加强技术特别是信息和通信技术的应用，以增强妇女权能"（目标 5.b）具有一定的相关性，此外，海洋环境和资源、生态环境的保护是与全体人类息息相关的。可以说，"在 17 个可持续发展目标中……每个可持续发展目标都与性别议题不可分割"[①]（见表 2-2）。

---

① 《从性别视角看可持续发展目标》，《中国妇女报》2016 年 3 月 13 日，第 A1 版，http://paper.cnwomen.com.cn/content/2016-03/13/025709.html。

表 2-2　《2030 发展议程》各目标与性别议题的关系

目　标	与性别议题的关系
目标 1：在全世界消除一切形式的贫困	面对农村贫困问题时，性别不平等往往直接导致农村女性的脆弱性
目标 2：消除饥饿，实现粮食安全，改善营养状况和促进可持续农业	为了消除饥饿，应该加强女性对食物生产和使用的权力
目标 3：确保健康的生活方式，促进各年龄段人群的福祉	为妇女和女童，包括那些受暴力威胁的女性，提供更好的医疗福利
目标 4：确保包容和公平的优质教育，让全民终身享有学习机会	女性在受教育的权利方面还没有实现性别平等，提供优质教育亦是赋权女性的有效方法
目标 5：实现性别平等，增强所有妇女和女童的权能	在许多领域仍存在许多直接和间接针对女性的歧视，包括法律和政策、性别定型、社会规范和习俗等
目标 6：为所有人提供水和环境卫生并对其进行可持续管理	缺乏饮用水除了影响健康外，还会不公平地增加女性的负担
目标 7：确保人人获得负担得起的可靠和可持续的现代能源	再生能源是世界的未来发展方向，必须推动能源委员会的性别多元化
目标 8：促进持久、包容和可持续经济增长，促进充分的生产性就业和人人获得体面工作	女性需拥有平等机会获得体面工作、生产资源和金融服务
目标 9：建造具备抵御灾害能力的基础设施，促进具有包容性的可持续工业化，推动创新	从工厂到高科技的实验室，都必须有公平的性别平等的就业机会
目标 10：减少国家内部和国家之间的不平等	消除性别上的不平等能有效缩小贫与富、特权者和无权阶级的差距
目标 11：建设包容、安全、有抵御灾害能力和可持续的城市和人类住区	性别不平等加重了女性应对自然灾害脆弱性
目标 12：采用可持续的消费和生产模式	女性必须在领导层面与男性拥有同等地位，以推动平等共享且可持续的消费和生产模式

续表

目　标	与性别议题的关系
目标13：采取紧急行动应对气候变化及其影响	最受影响的女性应当有权获取自我保护的知识和能力，参与应对气候行动的决策
目标14：保护和可持续利用海洋和海洋资源以促进可持续发展	增加海洋科学的女性参与决策，只有性别平等，海洋生态才能可持续地发展
目标15：保护、恢复和促进可持续利用陆地生态系统，可持续管理森林，防治荒漠化，制止和扭转土地退化，遏制生物多样性的丧失	生态系统上的决策应该包括女性的参与，特别是部落的女性，以共享可持续的未来
目标16：创建和平、包容的社会以促进可持续发展，让所有人都能诉诸司法，在各级建立有效、负责和包容的机构	各个层面决策的平等，保障个人的基本权利，创造包容性更高、更灵活的社会环境
目标17：加强执行手段，重振可持续发展全球伙伴关系	确保女性在各个层面的决策权，以促进实现各个可持续发展目标

资料来源：《从性别视角看可持续发展目标》，http://paper.cnwomen.com.cn/content/2016-03/13/025709.html。

可见，在《2030发展议程》中，性别平等议题占重要位置，并与其他可持续发展议题密切相关，存在相互交叉的部分，同时也说明了妇女和女童是可持续发展很重要的目标群体，除了目标5中列出的9个方面内容，妇女和女童还面临贫穷和饥饿的威胁，被招募为童工童兵的危险，在安全方面处于脆弱地位，由此不难发现，妇女和女童的生存状态和生活质量亟待进一步改善。

二　《2030发展议程》性别平等目标的全球监测

与《千年发展目标》相比，《2030发展议程》的规模更加宏大，因此它的执行成为一个需要重视的问题，这需要开展全球合作、区域合作、加强各国政府的执行力度并开展与民间组织和企业组织的密切合作。正如《2030发展议程》文件的执行手段部分写的，为了确保该议程得以执行，应发扬全球团结一致的精神，"把各国政府、私营部门、民间组织、联合国系统和其他行为体召集在一起，调动现有的一切资源，协助落实所有目标和具体目标"。① 同时，《2030发展议程》的制定人认为，应该督促各国政府通过制定相关法律以及划拨专项财政预算的方式，为各项可持续发展目标提供法律支持和资金支持，并推行政府问责机制和全球监测审查机制，以监督各国政府对于该议程的落实工作。

针对《2030发展议程》的全球监测和审查问题，联合国统计委员会（Statistical Commission）进行了多次探讨，并于2016年3月发布了《可持续发展目标各项指标机构间专家组的报告》（Report of the Inter-Agency and Expert Group on Sustainable Development Goal Indicators），报告认为，为了更好地落实《2030发展议程》，议程的基本原则是"不让一个人被落下"，为此需要相当程度的分类数据，这些数据有助于衡量进展情况，并为决策制定提供参考依据。为了获得"优质、易获取、及时和可靠的分类数据……本着按收入、性别、年龄、种族、民族、迁徙情况、残疾情况、地理位置和其他特征酌情分类的原则"②，联合国统计

---

① 《改变我们的世界：2030年可持续发展议程》，第10~11页，https://www.unfpa.org/sites/default/files/resource-pdf/Resolution_A_RES_70_1_CH.pdf。

② 联合国：《可持续发展目标各项指标机构间专家组的报告》，第3~6页，http://unstats.un.org/unsd/statcom/47th-session/documents/2016-2-IAEG-SDGs-Rev1-c.pdf。

委员会制定了一套用于全球监测的指标框架，在此框架中对每个目标拟订了具体指标。针对目标5，统计委员会拟订了14项具体指标（见表2-3）。

表2-3 《2030发展议程》性别平等目标及其拟订指标

性别平等目标	拟订指标
5.1 在全球消除对妇女和女童一切形式的歧视	5.1.1 是否已制定法律框架来促进、推行和监督实现平等和无性别歧视
5.2 消除公共和私营部门针对妇女和女童一切形式的暴力行为，包括贩卖、性剥削及其他形式的剥削	5.2.1 有过伴侣的妇女和15岁及以上女童在过去12个月中遭到现任或前伴侣殴打、性暴力或心理暴力的比例，按暴力形式和年龄分列
	5.2.2 妇女和15岁及以上女童在过去12个月中遭到亲密伴侣之外其他人的性暴力的比例，按年龄组和发生地分列
5.3 消除童婚、早婚、逼婚及割礼等一切伤害行为	5.3.1 20~24岁妇女中在15岁以前和18岁之前结婚或同居的妇女所占比例
	5.3.2 15~49岁女童和妇女中生殖器被残割/切割过的人所占比例，按年龄分列
5.4 认可和尊重无偿护理和家务，各国可视本国情况提供公共服务、基础设施和社会保护政策，在家庭内部提倡责任共担	5.4.1 用于无薪酬家务和护理工作的时间所占比例，按性别、年龄和地点分列
5.5 确保妇女全面有效参与各级政治、经济和公共生活的决策，并享有进入以上各级决策领导层的平等机会	5.5.1 妇女在国家议会和地方政府席位中所占比例
	5.5.2 妇女在管理岗位任职的比例
5.6 根据《国际人口与发展会议行动纲领》、北京《行动纲领》及其历次审查会议的成果文件，确保普遍享有性和生殖健康以及生殖权利	5.6.1 15~49岁妇女就性关系、使用避孕药具和生殖保健问题自己做出知情决定的比例
	5.6.2 已制定法律规章确保15~49岁妇女享有性与生殖保健、信息和教育机会的国家数目

续表

性别平等目标	拟订指标
5.a 根据各国法律进行改革，给予妇女平等获取经济资源的权利，以及享有对土地和其他形式财产的所有权和控制权，获取金融服务、遗产和自然资源	5.a.1（a）农业总人口中对农业用地拥有所有权或有保障权利的人口比例，按性别分列；（b）农业用地所有人或权利人中妇女所占比例，按土地保有类型分列 5.a.2 包括习惯法在内的国家法律框架保障妇女有权平等享有土地所有权和（或）控制权的国家所占比例
5.b 加强技术特别是信息和通信技术的应用，以增强妇女权能	5.b.1 拥有移动电话的人口比例，按性别分列
5.c 采用和加强合理的政策和有执行力的立法，促进性别平等，在各级增强妇女和女童权能	5.c.1 已建立制度来追踪并拨付公共款项用于性别平等和增强妇女权能的国家所占比例

资料来源：《可持续发展目标各项指标机构间专家组的报告》，http://unstats.un.org/unsd/statcom/47th-session/documents/2016-2-IAEG-SDGs-Rev1-c.pdf。

这14项拟订指标在一定程度上细化和具体化了《2030发展议程》的性别平等目标，使得这些目标的实现更有针对性和可操作性，并为该议程的全球监测和数据采集提供了基本原则和依据。比如拟订目标5.2.1和5.2.2将目标5.2提到的"针对妇女和女童一切形式的暴力行为"参考受害者年龄段并按照施暴者身份进行分类；目标5.b.1将目标5.b提到的"加强技术特别是信息和通信技术的应用，以增强妇女权能"的监测方式拟订为更加具体和明确的按性别分列的"拥有移动电话的人口比例"；目标5.c.1将"采用和加强合理的政策和有执行力的立法，促进性别平等，在各级增强妇女和女童权能"的统计方式确定为"已建立制度来追踪并拨付公共款项用于性别平等和增强妇女权能的国家所占比例"，同时也强调了，实现性别平等和增强妇女和女童的权能需要各国政府予以一定程度的财政支持。

目前，《2030发展议程》的拟订目标仍处于不断调整和完善的阶段，联合国统计委员会还将补充进一步开展工作的案例，这将为该议程的实施工作提供更加直观的有借鉴性的参考。

三 《2030发展议程》性别平等目标引发的国际关注

《2030发展议程》中性别平等目标的设定是对"2015年发生的联合国第四次世界妇女大会召开20周年，联合国安理会关于妇女、和平与安全的第1325（2000）号决议通过15周年，《千年发展目标》收官这三个重大事件"[①]的回应，实现性别平等，增强所有妇女和女童的权能的可持续发展目标受到国际社会的高度重视。2016年3月15日，联合国秘书长潘基文在联合国总部就"每个妇女每个儿童"（Every Woman Every Child）的倡议举行的高级别会议上指出，"推动妇女和儿童权利和健康的发展就是推动整个社会的发展"。[②] 联合国开发计划署网站上有这样的描述，"为女性赋权及促进性别平等对推动可持续发展至关重要。消除所有针对女性的歧视不仅是一项基本人权，也会在不同的发展领域产生乘数效应"。[③]

[①] 李英桃：《持续关注全球性别平等运动的发展》，《中国妇女报》2016年1月5日，第B1版，http://paper.cnwomen.com.cn/content/2016-01/05/023699.html?sh=top。

[②] 《潘基文：推动妇女和儿童权利和健康的发展就是推动整个社会的发展》，http://www.un.org/chinese/News/story.asp?NewsID=25837。

[③] 联合国开发计划署网站，http://www.cn.undp.org/content/china/zh/home/post-2015/sdg-overview/goal-5.html。

美国、法国、俄罗斯、英国和中国五大常任理事国也都充分肯定了《2030发展议程》的性别目标对于推动性别平等和世界妇女发展的重要意义。早在2015年9月15日，《2030发展议程》正式通过之前，联合国经济和社会理事会高级顾问、美国驻联合国代表理查德·厄尔德曼（Richard Erdman）在联合国妇女署执行局发言时指出，"美国强烈支持联合国妇女署帮助成员国促进性别平等的工作，我们高兴的看到，在《2030发展议程》中制定了性别平等与妇女和儿童赋权的目标，我们期待与联合国及其各成员国一起合作，确保这一重要目标的顺利完成……美国将强烈支持联合国妇女署针对妇女的政治参与，妇女经济赋权，人道主义行动，妇女、和平与安全以及性和生殖健康等方面的工作"。[①] 美国对于《2030发展议程》中性别议题的支持态度是与美国"女权外交"[②]的外交策略相一致的，对于美国来说，实现性别平等既符合美国妇女和女童的利益，也符合全球妇女和女童发展的需要。

2015年9月27日，《2030发展议程》正式通过之后，在联合国纽约总部举行的"两性平等和妇女赋权全球领导人会议"上法国总统弗朗索瓦·奥朗德（François Hollande）发言表示，"《2015年后可持续发展议程》包括提升妇女地位的内容，它的目的是让全世界所有的女童都可以自由地走进学校、有机会获得工作机会甚至有能力成为女企业家，得以自给自足和独立生活。经济上活跃且具备能力的妇女，在接受了更多的培训之后，会对全球发展

---

① "Remarks at the UN Women Executive Board", http://usun.state.gov/remarks/6831.
② 美国"女权外交"的内容参见李英桃《奥巴马政府第一任期的"女权外交"评析》，《当代世界与社会主义》2015年第1期。

产生积极影响"。① 法国政府十分重视妇女对于经济发展的重要作用，通过颁布《劳动法典》《妇女保护和儿童教育法》等保护妇女和女童接受教育的平等机会，保障妇女能够平等就业并享有同男性一样的职业待遇，同时，法国还是第一个就政治上的性别平等专项立法的国家，这对促进本国的性别平等起到了一定的推动作用。

2016 年 3 月 15 日，俄罗斯联邦劳动与社会保障部第一副部长阿列克谢·沃夫钱科（Алексей Вовченко）在联合国妇女地位委员会（以下简称"联合国妇地会"）第 60 届会议上做了发言，他认为，"在《2030 发展议程》单独设定针对性别平等和妇女与儿童赋权的目标 5 强有力地证明了该议题在国际社会中的重要意义"。② 在发言中，沃夫钱科还列出了俄罗斯在促进妇女参政、经济赋权、职业发展和家庭保障等多方面取得的成绩，并表示愿意与各国分享俄罗斯政府在提高妇女地位的各个领域积累的成功经验。

2016 年 4 月 22 日，英国驻联合国代表团的官方网站在报道经济合作与发展组织（Organization for Economic Co‐operation and Development）举办的三月性别平等月活动时表示，"《2030 发展议

---

① Global Leaders' Meeting on Gender Equality, Speech by M. François Hollande, President of the French Republic, http: //www. franceonu. org/Gender‐equality‐an‐opportunity‐for‐development.

② Выступление Первого заместителя Министра труда и социальной защиты Российской Федерации А. В. Вовченко на 60‐й сессии Комиссии ООН по положению женщин по пункту 3 повестки дня 《Последующая деятельность по итогам 4‐й Всемирной конференции по положению женщин》 и 23‐й спецсессии ГА ООН под названием 《Женщины в 2000 году: равенство между мужчинами и женщинами, развитие и мир в XXI веке》, http: //russiaun. ru/ru/news/ga_ wmxxi.

程》的目标5，作为独立的性别平等目标，是此次经济合作与发展组织发展中心针对国际妇女节高级别会议的重要研讨主题，与会者讨论了关于性别平等、妇女赋权、妇女和女童教育以及消除性别歧视等多个问题"。① 为此，英国政府派出的部长级代表团参与了联合国妇地会60周年活动，旨在加强英国针对妇女赋权和消除一些针对妇女和女童的暴力行为的国内实践和国际承诺。2016年7月13日，英国新任女首相特里莎·梅（Theresa May）在入职演说中也提到了性别平等议题，将其作为社会公正领域一个重要的组成部分。

中国政府一直高度重视《2030发展议程》的性别平等和妇女和女童赋权议题，在立场文件的重点领域和优先方向部分列入了性别平等工作。2016年1月21日，中国常驻联合国代表刘结一大使在联合国妇地会多利益攸关方论坛上的发言指出："妇女问题在2030年可持续发展议程中有重要地位。……落实好妇女领域的目标，对实现2030年可持续发展议程至关重要。"② 2016年4月22日发布的《落实2030年可持续发展议程中方立场文件》写道，"维护公平正义。把增进民众福祉、促进人的全面发展作为发展的出发点和落脚点。坚持以人为本，消除机会不平等、分配不平等和体制不平等，让发展成果更多、更公平惠及全体人民。促进性别平等，推动妇女全面发展，切实加强妇女、未成年人、残疾人等

---

① "OECD Hosts a Month of Events in March to Mark International Women's Day", https://www.gov.uk/government/world-location-news/oecd-hosts-a-month-of-events-in-march-to-mark-international-womens-day.
② 《常驻联合国代表刘结一大使在联合国妇地会多利益攸关方论坛上的主旨发言》，http://www.china-un.org/chn/hyyfy/t1333952.htm。

社会群体权益保护"。①

可见，在全球妇女运动发展的影响下，在"社会性别主流化"议题被国际社会普遍接受和重视的背景下，性别平等和增强妇女和女童的权能的问题正在受到越来越多的重视。《2030发展议程》中的性别平等目标及其他目标包含的性别平等议题，正是世界各国共同努力的结果，这些目标的实现将为世界妇女和女童的充分发展创造有利条件。

第二节　落实《2030发展议程》性别平等目标的必要性

从《2030发展议程》目标5的目标设定来看，在《千年发展目标》已经充分强调的消除性别歧视、改善女童受教育情况、提高妇女的政治参与、改善妇女生殖健康等问题的基础上增加了新的内容，本节将分别对"实现性别平等"和"增强所有妇女和女童的权能"部分中新增目标所对应的国际现状进行梳理和总结。

一　《2030发展议程》目标5.1～5.6对应的全球现状

与《千年发展目标》相比，《2030发展议程》目标5的"实现性别平等"部分增加了三个新的议题：消除公共和私营部门针对妇女和女童一切形式的暴力行为（目标5.2）；消除童婚、早婚、逼婚及割礼等一切伤害行为（目标5.3）；认可和尊重无偿护理和家务，各国可视本国情况提供公共服务、基础设施和社会保护政

---

① 《落实2030年可持续发展议程中方立场文件》，http://www.fmprc.gov.cn/web/wjbxw_673019/W020160422582193262833.doc。

策，在家庭内部提倡责任共担（目标5.4）。

（一）目标5.2：消除公共和私营部门针对妇女和女童一切形式的暴力行为，包括贩卖、性剥削及其他形式的剥削

联合国将针对妇女的暴力行为定义为："对妇女造成或可能造成身心方面或性方面的伤害或痛苦的任何基于性别的暴力行为，包括威胁进行这类行为、强迫或任意剥夺自由，而不论其发生在公共生活还是私人生活中。"① 针对妇女的暴力行为包括但不限于"亲密伴侣之间实施的暴力行为；早婚和强迫婚姻；强迫怀孕；与名誉有关的犯罪；残割女性生殖器；杀害妇女；非伙伴性暴力行为；工作场所、其他机构和公共场所性骚扰；贩卖；国家纵容暴力行为；冲突情况下暴力侵害妇女行为"。② 消除对妇女歧视委员会第19号一般性建议第23条指出，"缺乏经济独立会使许多妇女被迫处在暴力关系之中"。③ 性暴力同时也会发生在女童身上。根据2005年世界卫生组织发布的《世卫组织有关妇女卫生和侵害妇女的家庭暴力多国研究》的调查结果，"有0.3%～11.5%的女性从15岁起曾遭受非伴侣实施的性暴力，还有许多妇女报告称她们的首次性经历是被迫发生的，其中包括17%的坦桑尼亚农村妇女、24%的秘鲁农村妇女和30%的孟加拉国农村妇女"。④ 由此不难看

---

① 联合国：《消除对妇女暴力宣言》，第3页。https://documents-dds-ny.un.org/doc/UNDOC/GEN/N94/095/04/IMG/N9409504.pdf? OpenElement。
② 胡玉坤：《消除对妇女暴力的国际机制探究》，http://www.aisixiang.com/data/94311.html。
③ General Recommendation No.19 (11th session, 1992), http://www.un.org/womenwatch/daw/cedaw/recommendations/recomm.htm#recom19.
④ 世界卫生组织：《针对妇女的暴力行为》，http://www.who.int/mediacentre/factsheets/fs239/zh/。

出，女童也是消除一切形式暴力行为的重要对象，《可持续发展目标各项指标机构间专家组的报告》给出的拟订指标 5.2.1 和 5.2.2 将消除一切形式的暴力行为的群体目标设定为 15 岁以上的女童和妇女。

1993 年 12 月 20 日联合国大会通过的第 48/104 号决议《消除对妇女暴力宣言》认为，"对妇女的暴力行为是历史上男女权利不平等关系的一种表现，此种不平等关系造成了男子对妇女的支配地位和歧视现象，并妨碍了她们的充分发展……对妇女的暴力行为是严酷的社会机制之一，它迫使妇女陷入从属于男子的地位"。[①]针对妇女和女童一切形式的暴力行为会给妇女带来身体和精神的双重伤害。在身体方面，这种暴力行为可能造成妇女和女童的身体损伤，可能提高意外妊娠、引产、妇科疾病和性传播感染（艾滋病）的概率，妊娠期发生的暴力行为还可能会增加流产、死产、早产和婴儿出生体重过低的可能性；在精神方面，暴力行为可能导致妇女和儿童患有创伤后应激障碍、抑郁症等精神疾病，并可能造成凶杀或者自杀等恶性案例。针对女童发生的暴力行为可能提高她们未来吸烟、酗酒、吸毒以及危险性行为的发生率。另外，生活在有暴力行为家庭中的儿童可能患有行为和情感障碍方面的疾病，并增加了他们在未来实施暴力或遭受暴力的可能性。

目前，这种暴力行为依旧在对妇女和女童造成危害。2014 年 3 月 28 日世界卫生组织发布的《应对尤其针对妇女和女童以及针对儿童的暴力问题全球挑战》指出，"从全球看，每三名女性中就有一位曾至少遭到过一次身体和/或性亲密伴侣暴力或者非伴侣性暴力，

---

① 联合国：《消除对妇女暴力宣言》，第 2 页，https：//documents – dds – ny. un. org/doc/UNDOC/GEN/N94/095/04/IMG/N9409504. pdf? OpenElement。

30%的女性曾经历受到亲密伴侣暴力影响的亲密关系……全世界被谋杀女性中，38%为亲密伴侣所杀"。① 可见，公共和私营部门针对妇女和女童一切形式的暴力行为是一个历史性问题，同时也是当今国际社会依旧存在的普遍性问题，因此，国际社会十分重视该问题的解决，将其列为《2030发展议程》的第二个性别平等目标。

（二）目标5.3：消除童婚、早婚、逼婚及割礼等一切伤害行为

由于童婚、早婚和逼婚三者之间存在一定的相关性，因此，目标5.3可以分为消除童婚、早婚和逼婚及消除割礼两部分内容。

1. 童婚、早婚和逼婚现象的全球现状及危害

2014年4月2日，联合国人权事务高级专员办事处发布了《关于防止和消除童婚、早婚和强迫婚姻的报告》（Report of the Office of the United Nations High Commissioner for Human Rights），这份报告界定了童婚、早婚和逼婚的含义。该报告认为，"童婚是指至少一方当事人是18岁以下男女两性儿童的婚姻，但在现实生活中女童的童婚现象更为常见；早婚与童婚经常交替使用，是指至少有一个当事人在结婚时不满或即将满18岁的婚姻；逼婚是指一方或双方当事人没有自由和充分同意和/或一方或双方当事人不能结束婚姻或离婚的任何婚姻，包括由于胁迫或强大的社会或家庭压力"。②

---

① 《应对尤其针对妇女和女童以及针对儿童的暴力问题全球挑战》，第2页，http://apps.who.int/gb/ebwha/pdf_files/WHA67/A67_22-ch.pdf。
② 《关于防止和消除童婚、早婚和强迫婚姻的报告》，http://www.ohchr.org/EN/HRBodies/HRC/RegularSessions/Session26/Documents/A_HRC_26_22_CHI.DOC。

童婚和早婚现象存在多达几个世纪，它们多发于贫困和落后地区，是性别歧视、落后的传统习俗和文化以及贫困相互作用的产物，在这类情况的婚姻中，女童的知情权和选择权被剥夺，由父母、兄长包办婚姻的方式使得女童的个人意愿被完全忽视。2013年3月7日，联合国人口基金的调查显示，"2011～2020年，全球将有超过1.4亿名少女成为儿童新娘，如果照此发展下去，全球每年将有1420万名女童过早结婚，每天约有3.9万名。并且，在1.4亿名18岁以前结婚的女童中，年龄未满15岁的女童多于5000万名"。① 童婚、早婚和逼婚现象在全球普遍存在，多发于贫困和落后地区。世界卫生组织的相关调查表明，"从发生比例来看，尼日尔、乍得、中非共和国、孟加拉国和几内亚等国家的童婚率均超过50%（见图2-1）；从发生人数来看，印度的童婚数量巨大，在印度，约有47%的婚姻涉及儿童新娘"。②

童婚、早婚和逼婚对于妇女或女童的伤害极大，主要体现在四个方面。第一，童婚、早婚和逼婚是对妇女和女童人权的侵犯，"这种做法不仅侵犯了妇女和女童的权利，它们往往也巩固了剥夺和拒绝权利的循环，该现象又会传承给这些妇女和女童的子女，尤其是女儿"。③ 童婚、早婚和逼婚根植于性别歧视和权力结构的不平等，同时又进一步将妇女和女童禁锢在社会角色的陈规定型

---

① "By 2020, More than 140 Million Girls will have Become Child Brides", http：//www.un.org/apps/news/story.asp? NewsID = 44314&Cr = child + marriage&Cr1 = #.V42R4Pl97IV.

② 世界卫生组织：《童婚：每天有3.9万起》，http：//www.who.int/mediacentre/news/releases/2013/child_marriage_20130307/zh/。

③ 世界卫生组织：《童婚：每天有3.9万起》，http：//www.who.int/mediacentre/news/releases/2013/child_marriage_20130307/zh/。

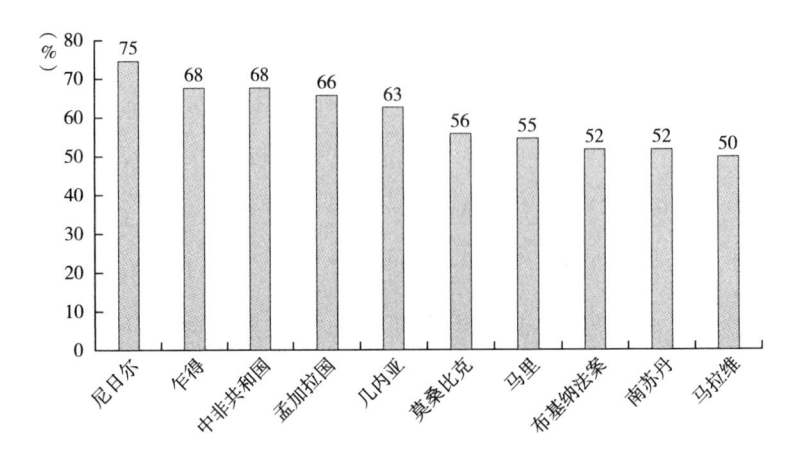

图 2-1　全球童婚现象最严重的 10 个国家的童婚率

资料来源:《童婚:每天有 3.9 万起》,http://www.who.int/mediacentre/news/releases/2013/child_marriage_20130307/zh/。

中。第二,童婚、早婚和逼婚还会对妇女和女童的身心造成威胁,童婚、早婚和逼婚中经常出现的过早怀孕、频繁怀孕和被迫继续怀孕等现象严重危害了妇女和女童的性健康和生殖健康,甚至使其丧失生育能力,童婚还会加速艾滋病的传播。第三,童婚禁锢了女童未来的发展,过早结婚使得女童和年轻妇女接受教育、进入劳动力市场、获得土地等其他经济资源、参与决策的机会大大降低。第四,童婚、早婚和逼婚更容易使女童成为亲密伴侣暴力受害者,女童与丈夫的年龄差还会加大这种可能性。儿童新娘的初次性经历往往是以暴力形式开始的,她们没有抵抗的能力。

2. 割礼现象的全球现状及危害

联合国儿童基金会(The United Nations Children's Fund)将女性生殖器割礼(FGM/C)定义为部分或者完全切除女孩外生殖器的做法。世界卫生组织的研究结果显示,女性生殖器切割分为 4 种类型,包括:"Ⅰ型切割,部分或全部切除阴蒂;Ⅱ型切割,部分或全部切除阴蒂和小阴唇,同时切除或不切除大阴唇;Ⅲ型切割,切除和并置小阴唇和/或大阴唇从而创造出一个封闭盖，缩小阴道口，同时切除或不切除阴蒂；Ⅳ型切割，所有其他为非医疗目的采取的针对女性生殖器的有害做法，如刺伤、刺穿、切入、刮和烧灼。"① 割礼现象产生的原因包括宗教、社会和文化等多重因素，而最常见的理由是降低女性的性欲以保留其处女身份，女性生殖器割礼是性别歧视的表现，同时也是对人权的一种践踏。

女性生殖器切割对于女童的健康造成短期和长期的不良后果，而这种后果不可逆。实施割礼的卫生条件差、消毒不严格以及术后护理差，会导致女童出血、感染甚至死亡，割礼同时会增加妇女在分娩期间发生并发症的概率，并直接导致新生儿死亡。2006年世界卫生组织的研究表明，"受过生殖器切割的母亲所生婴儿在分娩过程中以及在分娩后立即死亡的比率更高：受过Ⅰ型切割的母亲所生婴儿死亡率为15%；受过Ⅱ型切割的母亲所生婴儿死亡率为32%；受过Ⅲ型切割的母亲所生婴儿死亡率为55%……在非洲，有数不清的妇女在家中分娩，得不到有经验人员的帮助，后果可能更加糟糕。"②

根据联合国的估算，"非洲目前大约有1亿~1.3亿名妇女已经接受了割礼，并且每年约有200万名女孩面临接受割礼的危险"。③ 割礼现象主要发生在包括索马里、几内亚和马里在内的近

---

① 世界卫生组织：《女性生殖器切割的分类》，http：//www.who.int/reproductive-health/topics/fgm/overview/zh/。
② 世界卫生组织：《新研究表明女性生殖器切割在分娩时使妇女和婴儿面临巨大危险》，http：//www.who.int/mediacentre/news/releases/2006/pr30/zh/。
③ 联合国儿童基金会：《女性生殖器割礼》，http：//www.unicef.org/chinese/protection/index_genitalmutilation.html。

30个非洲国家和一些中东国家。由于非洲和西南亚移民的增多，割礼现象在欧洲、澳大利亚、加拿大和美国等国家也时有发生。2007年，联合国儿童基金会曾根据1997~2006年的数据，绘制了非洲和也门15~49岁女性生殖器切割流行率地区分布情况（见图2-2）。

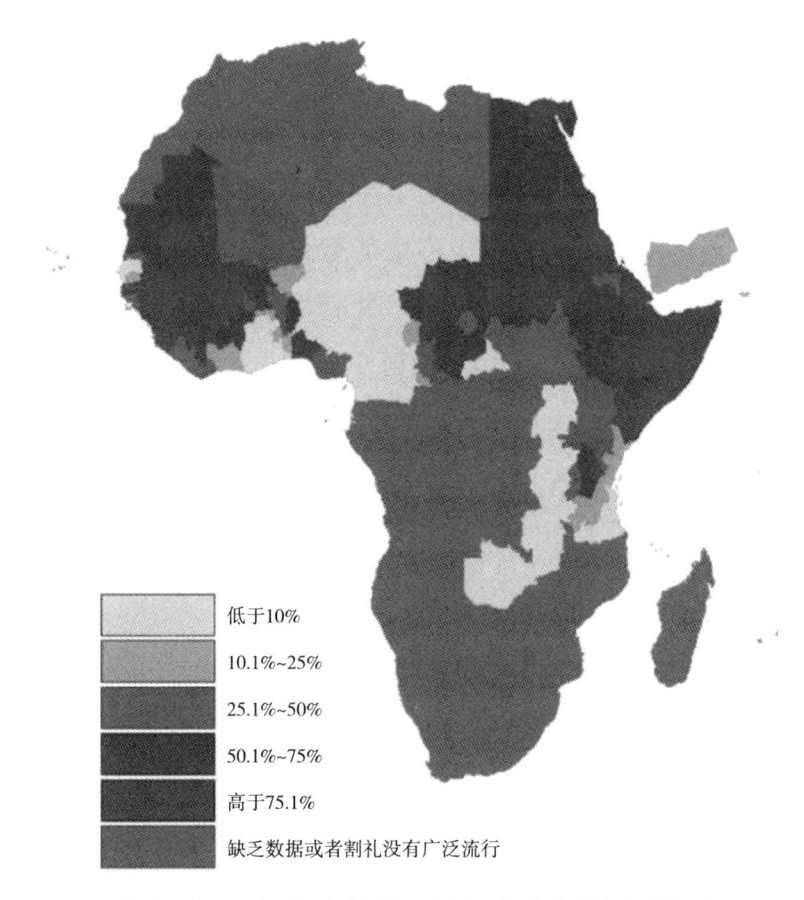

图例：
- 低于10%
- 10.1%~25%
- 25.1%~50%
- 50.1%~75%
- 高于75.1%
- 缺乏数据或者割礼没有广泛流行

图2-2 非洲和也门15~49岁女性的割礼流行率地区分布（1997~2006年）

资料来源：《女性生殖器切割流行率》，http://www.who.int/reproductivehealth/topics/fgm/prevalence/zh/。

在非洲某些国家，接受性器官切割手术的女童比例非常之高，联合国最新调查数据显示，"在印度尼西亚，有50%左右11岁及以下的女童被施以生殖器切割，在 15~49 岁这个年龄段中，索马里遭切割人数占总人数比例高达 98%，几内亚为 97%，吉布提为 93%"。① 世界卫生组织根据 2000~2008 年的统计数据，对各国 15~49 岁女童和妇女女性生殖器切割流行率进行了统计（见表 2-4）。

表 2-4　15~49 岁女童和妇女女性生殖器切割流行率估算值

单位：%

序　号	国　家	统计年份	流行率
1	索马里	2006	97.9
2	几内亚	2005	96.5
3	塞拉利昂	2006	94.0
4	吉布提	2006	93.1
5	埃及	2008	91.1
6	苏丹（北部，调查人口占总人口约 80%）	2000	90.0
7	厄立特里亚	2002	88.7
8	马里	2006	85.2
9	冈比亚	2005/2006	78.3
10	埃萨俄比亚	2005	74.3
11	布基纳法索	2006	72.5
12	毛里塔尼亚	2007	72.2
13	利比里亚	2007	58.2
14	乍得	2004	44.9
15	几内亚比绍	2006	44.5
16	也门	2003	38.2
17	科特迪瓦	2006	36.4

---

① 《残割女性生殖器零容忍国际日》，http://www.un.org/zh/events/femalegenitalmutilationday/。

续表

序　号	国　　家	统计年份	流行率
18	尼日利亚	2008	29.6
19	塞内加尔	2005	28.2
20	肯尼亚	2008/2009	27.1
21	中非共和国	2008	25.7
22	坦桑尼亚联合共和国	2004	14.6
23	贝宁	2006	12.9
24	多哥	2006	5.8
25	加纳	2006	3.8
26	尼日尔	2006	2.2
27	喀麦隆	2004	1.4
28	乌干达	2006	0.8

资料来源：《女性生殖器切割流行率》，http://www.who.int/reproductivehealth/topics/fgm/prevalence/zh/。

（三）目标5.4：认可和尊重无偿护理和家务，各国可视本国情况提供公共服务、基础设施和社会保护政策，在家庭内部提倡责任共担

两性劳动分工不平等现象也是历史性问题，它来源于"男主外，女主内"的传统的劳动性别分工观念和当地的社会价值观，无偿护理和家务包括家务劳动，对于儿童、老人和患病的家长的护理工作，打扫卫生，打水捡柴和做饭洗衣等，而根据传统的劳动性别分工观念，这些工作往往是被分配给妇女的。因此，在全球范围内，妇女承担的无偿护理和家务普遍多于男性，并且过多的无偿护理和家务也在妨碍妇女充分参与有偿工作。传统的劳动性别分工观念也影响了人们对妇女家庭工作和社会工作的价值评判。"妇女所从事的家务劳动由于无法直接创造利润，往往被国

家、社会乃至个人忽视并认为是没有价值的"①，而妇女在社会生产领域从事的劳动，往往被看作妇女家庭工作的外延，因此她们对社会经济生活所做的贡献被极大地低估了。正如联合国开发计划署署长海伦·克拉克（Helen Clark）所说，"在工作的世界里，无论是有偿工作还是无偿工作，女性都处于弱势地位。在有偿工作领域，女性的就业率、薪酬、工作稳定性及出任高级管理和决策职位的机会均低于男性。而在无偿工作领域，女性却又承担了大部分家务和看护工作"。②

联合国开发计划署 2015 年 12 月 14 日发布的《2015 年人类发展报告：从实践活动与工作透视人类发展》（Human Development Report 2015: Work for Human Development）公布的数据显示，从工作时间来看，"无偿工作部分所占比例为 41%，其中，女性承担的无偿工作占 31%，男性仅为 10%；有偿工作部分占到 59%，其中，女性承担的有偿工作占 21%，男性为 38%"。③ 可见，目前全球的女性承担了 3/4 的无偿工作，而相应的，女性承担有偿工作的概率较低，2/3 的有偿工作由男性承担（见图 2-3）。随着人口老龄化问题日益严重，性别分工不平等的现象将会进一步加剧。由于妇女承担的无偿护理和家务往往得不到社会的承认，因此这部分工作的价值没有在各国的 GDP 中得以体现。《2015 年人类发展报告》试图测量无偿护理和家务的劳动价值，在参与测量的国家中，妇

---

① 李英桃：《女性主义国际关系学》，浙江人民出版社，2006，第 254 页。
② "Human Development Report 2015", p. D, http://hdr.undp.org/sites/default/files/2015_human_development_report.pdf.
③ "Human Development Report 2015", p. 12, http://hdr.undp.org/sites/default/files/2015_human_development_report.pdf.

女承担无偿护理和家务的估算价值占各国 GDP 的 20%～60%，"在印度，无偿护理和家务的估算价值占本国 GDP 的 39%，在整个南亚地区，无偿护理和家务的估算价值占 15%"。① 因此，当今社会面临尊重无偿护理和家务以及平衡有偿和无偿工作的挑战。

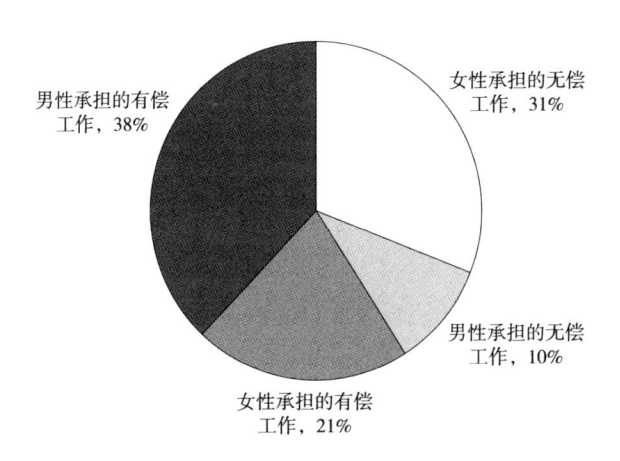

图 2-3　两性承担的有偿工作和无偿工作的时间分布

资料来源：《Human Development Report 2015》，http：//hdr.undp.org/sites/default/files/2015_human_development_report.pdf。

二　《2030发展议程》目标 5.a～5.c 对应的国际现状

《2030 发展议程》目标 5 的"增强所有妇女和女童的权能"部分是《千年发展目标》没有涉及的内容，具体包括：增强妇女经济权能，赋予妇女平等获取经济资源、享有对土地和其他形式财产的所有权和控制权，获取金融服务、遗产和自然资源的权力（目标 5.a）；增强妇女在信息和通信领域的赋权（目标 5.b）；采用和加强合理的政策和有执行力的立法，促进性别平等，在各级

---

① "Human Development Report 2015"，p.13，http：//hdr.undp.org/sites/default/files/2015_human_development_report.pdf。

增强妇女和女童权能（5.c）。

（一）目标5.a：根据各国法律进行改革，给予妇女平等获取经济资源的权利，以及享有对土地和其他形式财产的所有权和控制权，获取金融服务、遗产和自然资源

在当今社会，对妇女进行经济赋权，给予妇女平等获取经济资源的权利，使其能在享有对土地和其他形式财产的所有权和控制权，获取金融服务、遗产和自然资源方面享有与男性平等的权利，这也是国际社会普遍关注的重点，它与消除对妇女的暴力行为、和平与安全等议题共同构成联合国妇女署推动妇女发展和促进性别平等的基本工作内容。妇女的经济赋权问题同样有着一定渊源，历史上妇女没有继承权、财产权以及拥有和使用土地的权利，在随后的历史进程中，虽然某些国家的相关法律规定了男女享有平等的财产权等其他权利，但是实际的结果往往更多偏向于男性。比如，"20世纪90年代，乌干达修订了该国的宪法和土地法，加强对妇女财产权的法律保护，但实际上，许多妇女仍然面对其财产权被猖獗侵害的行为。妇女生产了80%以上的粮食，提供了70%的农业劳动力，但只拥有7%的土地"。[1] 还有一个例子是在伊斯兰国家，"穆罕默德新政中，赋予了妇女财产继承权，但是招来了很多男性的不满，依旧按照先前的习惯法剥夺妇女的继承权，为此，《古兰经》关于授予妇女继承权的经文出行多次，反复强调"。[2] 时至今日，穆斯林妇女在财产继承中仍然与男性是不

---

[1] 联合国：《财产权、继承权和利用土地权》，http://www.un.org/zh/development/housing/women3.shtml。

[2] 高鸿钧：《伊斯兰法：传统与现代化》，清华大学出版社，2004，第20页。

平等的。

自第一次工业革命以来，妇女以个人身份加入劳动力市场，妇女在经济活动的不平等地位日益凸显，妇女从一开始就被边缘化了，她们被集中在服务类、文职类和销售类等少数几个"女性职业"，即所谓的职业性别隔离；妇女还被排除在决策事务和高薪工作之外；同时，她们还要面对劳动价值被低估、性别工资差异、妇女晋升困难、职场性骚扰等一系列问题。经济领域的性别不平等问题引发了国际社会的关注，包括联合国、国际劳工组织在内的国际组织采取了多种旨在赋予妇女权能的行动，但是，联合国妇女署最新的调查结果显示，当前世界妇女的经济地位依旧不容乐观，"虽然有越来越多的研究表明，加强妇女的经济地位将有利于国民经济的发展，但是目前妇女在获得土地资源、金融信贷服务和体面工作等方面远远落后于男性"。[1] 比如，在金融服务方面，性别偏好或歧视是影响经济或金融机会均等的重要因素，尤其是在发展中国家，这导致女性获得金融服务的机会要明显小于男性……阿什利·德米古柯－昆特（Asli Demirguc－Kunt）在2013年曾指出，"即使是在同样的收入水平或教育水平上，女性获得金融服务较少的结论仍然存在。女性得到金融服务的比例明显低于男性；在男女相对平等的国家，女性得到金融服务的比例有大幅提高"。[2] 因此，必须消除阻碍妇女获取经济资源和机会的多重障碍，赋予妇女平等的经济权力。

---

[1] 联合国妇女署网站，http：//www. un. org/zh/aboutun/structure/unwomen/focus. shtml。

[2] 星焱：《普惠金融的效用与实现：综述及启示》，《国际金融研究》2015年第11期，第24~36页。

（二）目标 5.b：加强技术特别是信息和通信技术的应用，以增强妇女权能

信息和通信技术领域的性别平等和增强妇女权能问题是随着网络与信息技术、移动电话和通信技术的迅猛发展而产生的，在全球化和数字革命背景下的高度发达的信息和通信技术是把双刃剑，它既给妇女发展带来了机遇，同时也带来了挑战。

发达的信息和通信技术为妇女带来多重机遇。第一，发达的信息和通信技术冲击了传统的性别分工观念，"信息技术与传统技术相比具有明显的中性化色彩，它使男女之间基于生理差异的性别分工变得不再重要……在信息社会中，女性的体力劣势得以规避"。[①] 第二，发达的信息和通信技术创造了丰富的就业机会，拓展了妇女的就业领域和就业方式，它使妇女进入了信息技术研发、网络金融、电子商务和网络贸易等各个新兴领域，使远程办公、弹性工作制和兼职成为妇女可选择的工作模式。第三，发达的信息和通信技术为某些妇女参与度较高的经济活动提供了便捷的技术支持，其中包括农业、清洁及护理服务。"手机的语音通话、短信和移动应用等功能可以给人们的工作带来诸多便利……从开罗的食物摊贩、塞内加尔街头的清洁工到伦敦的看护服务者都是如此。孟加拉国一些村庄的女企业家用手机为邻居提供有偿服务。"[②] 第四，发达的信息和通信技术为妇女发挥其创造力和聪明才智创造了机会，目前，在全球范围内约有超过 10 亿名女性互联网用户，

[①] 人民网：《凝聚两国智慧经验 促进妇女赋权增能》，http：//acwf.people.com.cn/n/2015/0430/c99048-26931891.html。

[②] "Human Development Report 2015", p.9, http：//hdr.undp.org/sites/default/files/2015_human_development_report.pdf.

其中既有领军 IT 产业的世界顶级女性科学家，也有利用电子商务创造了巨大社会价值的女性企业家。第五，发达的信息和通信技术为世界妇女团结合作创造了条件，互联网技术正在以空前的规模动员世界妇女为争取平等、尊严和人权而携手奋斗。

发达的信息和通信技术为妇女带来的挑战也是多重的。第一，发达的信息和通信技术造成了区域性不平等现象，发达国家和不发达国家、发达地区和不发达地区、城市和农村的民众对于信息和通信技术的使用率呈现两极分化局面，比如，国际电信联盟（International Telecommunication Union）的统计结果显示，"2015年，发达国家的家庭互联网普及率为 81.3%，发展中国家仅为 34.1%，最不发达国家只有 6.7%"。① 而在不发达国家、不发达地区和农村的妇女面临的信息资源短缺更加严重，比如，"2013 年发展中国家的妇女使用互联网的比例比男性低 16 个百分点"②。第二，数字鸿沟和性别差距造成了工作机会的不平等现象，女性由于相对缺乏信息技术培训，在对信息的掌握、通信工具的使用方面处于弱势地位而被逐渐边缘化了，尤其是在更加重视员工科学技能与资历的新兴工作领域，女性员工进入该领域的比例相对的较低。同时，文员工作等传统的女性工作正在被电脑逐渐取代，这也造成了妇女的失业问题。第三，信息和通信领域的性别不平等问题可能对妇女的经济收入产生一定的不利影响，由于妇女被排挤在高薪的新兴产业之外并面临一定的失业危险，这可能导致

---

① "ITU ICT Facts and Figures—The world in 2015"，http：//www.itu.int/en/ITU-D/Statistics/Documents/facts/ICTFactsFigures2015.pdf.

② "ITU ICT Facts and Figures—The world in 2013"，https：//www.itu.int/en/ITU-D/Statistics/Documents/facts/ICTFactsFigures2013-e.pdf.

性别工资差距的加大。第四，信息产业的非正规就业模式对妇女的社会保障造成一定程度的不利影响。信息产业低层就业部分女性参与率较高，而此类就业中存在非正规就业现象，非正规就业可能导致劳动合同不规范，社会参保率低等问题，使得妇女合法权益受到一定威胁。第五，网络暴力和网络犯罪可能对妇女和女童造成的伤害，因为"网络欺凌、因特网驱动的人口贩卖和其他滥用行为，往往把妇女和女童作为目标"。[1]

可见，加强技术特别是信息和通信技术的应用，以增强妇女权能必须帮助妇女抓住有利机会，同时采取防范措施解决和应对妇女在信息和通信技术领域面对的各种困难。

（三）目标5.c：采用和加强合理的政策和有执行力的立法，促进性别平等，在各级增强妇女和女童权能

目标5.c强调，一方面，各国政府应该制定和出台与性别平等相关的政策和法规，并应出台地方性别平等法规和政策，确保全国各层各级认真执行《2030发展议程》中的性别平等目标；另一方面，"《2030年可持续发展议程》的一个核心特征在于执行手段，包括如何调动财政资源以实现可持续发展目标"。[2] 因此，该议程的17个可持续发展目标都与为发展筹资议题紧密相关。目标5.c"采用和加强合理的政策和有执行力的立法，促进性别平等，在各级增强妇女和女童权能"也涉及性别平等问题上的筹资问题。

---

[1] 《"世界电信日"强调信息通信为女性赋权的作用》，http：//www.un.org/chinese/News/story.asp？NewsID=17787。

[2] 《可持续发展议程》，http：//www.un.org/sustainabledevelopment/zh/development-agenda/。

为发展筹资是近年来国际社会开始关注的一个重点问题。2002年3月，发展筹资问题国际会议（International conference on financing for development）成功召开，有来自51个国家的元首或政府首脑和200多位来自政府、企业和民间组织的高级官员参加会议，他们讨论了发展筹资问题的重要性，探讨了全面处理该问题的新方法，并在此基础上达成了《蒙特雷共识》（Monterrey Consensus）。该共识提道，"根据目前估计，达到国际商定的发展目标，包括《联合国千年宣言》中的各项目标，所需资源出现大量缺额"。① 缺乏资金或已成为实施《千年发展目标》的障碍，性别平等议题同样面临着筹资的难题。联合国儿童基金会、联合国教科文组织、联合国妇女署等多个组织都十分重视为性别平等议题筹资的必要性，因为"性别平等是一项高回报的实惠投资。当女童受到教育时，谋生方式得到进步，教育得到其价值，公民责任也会增强"。②"为全球12亿名年龄在10~19岁的青少年投资可以打破根深蒂固的贫困和不平等的循环……应该更多地关注青少年，尤其是少女，投资教育、卫生和其他的措施，从而让他们参与改善自己的生活……通过投资于青少年教育和培训，各国可以培养一支大规模、高效的员工队伍，从而极大地促进国家经济的增长。"③

《蒙特雷共识》出台后10年间，国际社会对于性别平等议题的

---

① "Monterrey Consensus", p. 5, http：//www.un.org/esa/ffd/monterrey/Monterrey-Consensus.pdf.
② 《教育中的性别平等》，http：//www.unesco.org/new/zh/education/themes/leading - the - international - agenda/gender - and - education/。
③ "The State of the World's Children 2011", http：//www.unicef.org/chinese/infobycountry/files/SOWC_ 2011_ Main_ Report_ EN_ 02092011.pdf.

投资仍然不够充足，投资的欠缺对实现《千年发展目标》中的性别平等目标造成一定的困难。2015年7月14日，联合国秘书长潘基文在于埃塞俄比亚首都亚的斯亚贝巴召开的第三届国际发展融资大会上指出，"官方发展援助中只有10%的资金的着眼点放在妇女身上。如果想取得可持续、包容和平等的经济增长与发展，必须要改变以上现实……公共部门在调整投资重点、使妇女获得更多益处方面发挥着关键的作用。与此同时，私营部门也应做出更多努力，确保两性同工同酬，并使女性获得更多领导岗位的工作机会"。[①]

小　结

《2030发展议程》的性别平等目标是对《千年发展目标》的继承和发展，在《千年发展目标》的基础上增加了消除针对妇女和女童一切暴力行为，消除童婚、早婚、逼婚和割礼等一切伤害行为，认可和尊重无偿护理和家务，倡导共同承担家庭责任以及妇女经济赋权、信息赋权和为性别平等筹资这几部分新内容。《2030发展议程》性别平等目标的设定引发了国际社会的高度关注，主要原因在于，国际社会逐渐意识到充分发挥妇女的潜能对于推动世界经济的发展有着极其重要的影响，但是目前妇女和女童仍旧面临着多方面的严峻挑战，因此，想要改善妇女和女童的生存状况进而促进整个世界的发展，应该首先解决性别不平等问题，并增强妇女和女童的权能。

---

① 《潘基文：对两性平等进行更多投资有利于促进可持续发展》，http：//www. un. org/sustainabledevelopment/zh/2015/07/gender - equality - sustainable - dev/#prettyPhoto。

第三章 《2030发展议程》性别平等目标的全球推进

《2030发展议程》于2015年9月25日正式通过,但实际上,早在该议程正式通过之前,国际社会已经开始多方面、多层次地促进性别平等和增强妇女和女童权能方面的努力,而在该议程通过之后,国际社会正在为实现《2030发展议程》所列出的新的性别平等目标努力。《2030发展议程》目标5的设定有力证明了性别平等议题的重要性,为世界妇女发展提供了更加全面和明确的努力方向,也为各国制定和执行性别议题相关的可持续发展政策提供了指引和参考。本章将梳理《2030发展议程》正式通过之前国际社会对于促进性别平等和实现妇女赋权的前期实践,以及《2030发展议程》正式通过之后国际社会针对各项新的性别平等目标的具体实施情况,分析和总结执行《2030发展议程》性别平等目标所面临的机遇和挑战。

第一节 《2030发展议程》性别平等目标的实践积累

2014年9月20日,在《2030发展议程》正式通过之前,在联合国第69届大会上,由大会主席萨姆·卡汉巴·库泰萨(Sam

Kahamba Kutesa)、联合国秘书长潘基文和联合国妇女署全球亲善大使艾玛·沃特森（Emma Watson）共同发起了名为"他为她"（HeForShe）的活动，该活动旨在广泛动员男子和男童共同参与到促进性别平等和增强妇女和女童权能的全球性行动中来，消除陈旧刻板的传统性别观念，最终实现世界妇女与女童的充分发展。"他为她"活动希望发掘男子和男童的强大力量，使他们成为妇女和女童的平等的合作伙伴，从而共同实现世界范围内性别平等目标。"他为她"活动的最终目标"是争取到10亿名男性承诺支持性别平等与女性赋权的议题，以来自个人的高要求、简洁、积极的承诺为开端，推进深层面的具体行动和社会变革。加入运动的男性人数会通过网络或智能手机参与、城市和乡村的现场活动，以及移动通信技术使用来统计。我们将阅读并分享这些男性的故事，以此鼓舞更多人跟随加入"。[①] 目前，已经有很多来自世界各地的男性，包括国家元首、企业领导、大学校长、社会名流等优秀人物宣布加入"他为她"活动，通过他们的发声来支持性别平等。

　　具体到实现性别平等和增强妇女和女童权能方面，国际社会在消除性别歧视、改善女童受教育情况、提高妇女的政治参与等方面的努力已经在前面进行了详细论述，本节主要梳理和总结国际社会在消除针对妇女和女童一切形式的暴力行为，消除童婚、早婚、逼婚和割礼等一切伤害行为，认可和尊重无偿护理和家务，提倡共担家庭责任以及增强妇女和女童权能等方面的前期实践。

[①] 《"他为她"联合国妇女署促进性别平等的团结运动影响力10X10X10企业合作框架》，第2页，file：///C：/Users/upa/Downloads/HeForShe_ IMPACTProgramme_ Corporations_ Chinese_ B. pdf。

一 《2030发展议程》目标 5.1~5.6 的前期实践

国际社会非常重视实现性别平等议题,为了实现这一目标,联合国等国际组织制定了公约、行动纲领等国际文书,明确和保护世界妇女获得平等权利和合法权益;一些区域组织也制定了相关的协议书和公约文件,以促进该区域内的妇女和女童的发展;各主权国家也是促进性别平等的主要参与者。此外,联合国还专门确定了与性别平等议题相关的多个国际日,以便定期宣传相关知识,动员民众参与到促进性别平等的行动中来。

(一)消除公共和私营部门针对妇女和女童一切形式的暴力行为方面的努力

为了消除针对妇女和女童一切形式的暴力行为,包括联合国在内的国际社会做出了积极努力。1985 年 7 月 26 日联合国发布的《审查和评价联合国妇女十年:平等、发展与和平成就世界会议报告》(Report of the World Conference to Review and Appraise the Achievements of the United Nations Decade for Women: Equality, Development and Peace)有多条内容涉及消除针对妇女的暴力行为的议题,其中第 231 条提道,"各国政府应该采取措施预防和消除针对妇女和儿童的一切形式的暴力,包括家庭暴力,并为受害的妇女和儿童提供庇护……同时应采取措控制施暴者的施暴行为"。[1]

---

[1] "Report of the World Conference to Review and Appraise the Achievements of the United Nations Decade for Women: Equality, Development and Peace", http://www.un.org/womenwatch/daw/beijing/otherconferences/Nairobi/Nairobi% 20Full% 20 Optimized. pdf.

1993 年 12 月 20 日通过的《消除对妇女的暴力行为宣言》(*Declaration on the Elimination of Violence against Women*) 第 4 条认为,"各国应谴责对妇女的暴力行为,不应以任何习俗、传统或宗教考虑为由逃避其对消除这种暴力行为的义务"。[①] 该条内容列出了消除对妇女的暴力行为的建议性措施,其中包括颁布相关法律和促进开展关于对妇女的一切形式暴力行为的研究等,该宣言第 5 条提到,联合国应该促进国际和区域合作,并为有关消除对妇女的暴力行为的方案筹集资金。1995 年 9 月第四次世界妇女大会通过的《北京宣言》和北京《行动纲领》的战略目标 D.1 设定为"采取综合措施预防和消除对妇女的暴力行为",其中包括颁布相关法律,为受到暴力伤害的妇女提供诉讼渠道等具体措施[②]。

1999 年 12 月 17 日,联合国将每年 11 月 25 日确定为"联合国消除对妇女暴力国际日"(United Nations International Day for the Elimination of Violence against Women),希望在每年的这一天通过各种形式的活动,进一步深化民众关于对妇女的暴力行为的认识。2008 年联合国秘书长潘基文在全球范围内发起了"联合起来制止侵害妇女的暴力行为"(UNiTE to End Violence against Women) 的运动,该运动"集合联合国的各机构和部门,激励整个联合国系统采取行动,联合个人、民间团体和各国政府的力量,力图在世界范围内防止和消除对妇女和女孩暴

[①] "Declaration on the Elimination of Violence against Women", http://www.un.org/documents/ga/res/48/a48r104.htm.

[②] 《第四次世界妇女大会文件:〈北京宣言〉和〈行动纲领〉》,《第四次世界妇女大会重要文献汇编》,北京:中国妇女出版社,1998,第 223~228 页。

力行为"。① "联合起来制止侵害妇女的暴力行为"运动所做的努力包括对各国的法律和政策施加影响、加强世界各国信息共享、鼓励男子和男童参与、开展国际合作和为不同的国家与地区的消除对妇女和女孩暴力行为予以资助等。2012年7月25日,潘基文秘书长宣布每月25日为"橙色日",人们在这一天可以穿上橙色衣服,表示反对针对妇女和女童的暴力行为。

2015年,联合国经济和社会事务部(United Nations Department of Economic and Social Affairs)发布了《暴力侵害妇女行为统计数据编制准则:统计调查》(*Guidelines for Producing Statistics on Violence against Women: Statistical Surveys*)的文件,编写该准则的目的是协助各个主权国家评估针对妇女和女童的暴力行为的发生范围、流行率和发生率。该准则介绍了"暴力侵害妇女行为统计调查的作用、暴力侵害妇女行为的定义和数据的要求、暴力侵害妇女行为调查的策划、调查问卷设计、调查的执行和数据的处理和分析"②六大部分内容,尤其在暴力侵害妇女行为的定义和数据的要求部分,详细列出了数据调查的目标人口和暴力的时限、需要列入暴力侵害妇女行为调查的主题(包括身体暴力、性暴力、经济暴力、切割女性生殖器官、对暴力侵害行为的态度等)以及描述性变量(暴力严重程度、受害者与施暴者关系等)等内容,使得针对妇女和女童的暴力行为的数据统计更加系统、全面、有针对性。

---

① 《消除对妇女和女孩暴力行为,联合国正在做什么?》, http://www.un.org/zh/women/endviolence/what.shtml。

② "Guidelines for Producing Statistics on Violence against Women: Statistical Surveys", http://unstats.un.org/unsd/gender/docs/Guidelines_Statistics_VAW.pdf。

此外，一些区域性组织也制定了旨在消除对妇女和女童一切形式的暴力行为的公约、宣言等文件，比如《美洲防止、惩罚和根除对妇女暴力行为公约》（Inter-American Convention on the Prevention, Punishment and Eradication of Violence against Women）、《非洲人权和人民权利宪章非洲妇女权利议定书》（Protocol to the African Charter on Human and Peoples' Rights on the Rights of Women in Africa）、《南亚区域合作联盟防止和打击贩运妇女儿童从事卖淫公约》（South Asian Association for Regional Cooperation Convention on Preventing and Combating Trafficking in Women and Children for Prostitution）、《东南亚国家联盟关于在东盟地区消除暴力侵害妇女行为的宣言》（Declaration on the Elimination of Violence against Women in the Association of Southeast Asian Nations Region）、《欧洲委员会预防和打击暴力侵害妇女行为及家庭暴力公约》（Council of Europe Convention on Preventing and Combating Violence against Women and Domestic Violence）以及《欧洲委员会打击人口贩运公约》（Council of Europe Convention on Action against Trafficking in Human Beings）等。各国政府也采取了相应措施，目前，已有100多个国家颁布了禁止家庭暴力、反对贩卖妇女和女童的相关法律和政策。

（二）消除童婚、早婚、逼婚及割礼等一切伤害行为方面的努力

为了实现消除童婚、早婚、逼婚及割礼等一切伤害行为的目的，《消歧公约》的第16条第2款规定："童年订婚和童婚应不具法律效力，并应采取一切必要行动，包括制定法律，规定结婚

最低年龄,并规定婚姻必须向正式登记机构登记。"① 1989年11月20日联合国通过的《儿童权利公约》(Committee on the Rights of the Child)的第24条第3款规定,"缔约国应致力于采取一切有效和适当的措施,以期废除对儿童健康有害的传统习俗"。②对儿童健康有害的传统习俗应包括童婚、早婚、逼婚及割礼等一切伤害行为。2003年7月,联合国指定每年的2月6日为"残割女性生殖器零容忍国际日",呼吁停止这项残忍的伤害女童的习俗。截至2015年,已有超过20个非洲国家通过了禁止割礼的法令,其中包括割礼女性所占比例最高的索马里(2012年通过)、几内亚(1965年通过,2000年修订)、吉布提(1995年通过,2009年修订)。2011年12月,联合国指定每年的10月11日为国际女童日,2012年首个国际女童日的主题被定为"终止童婚"。

一些区域组织也在为消除童婚、早婚、逼婚及割礼等一切伤害行为进行积极实践,1990年7月11日由非洲联盟(African Union)的前身非洲统一组织(Organisation of African Unit)通过的《非洲儿童权利与福利宪章》(African Charter on the Rights and Welfare of the Child)的第16条和第21条分别规定,"儿童应该免受一切形式的酷刑,不人道或有辱人格的待遇,特别是身体和精神的侮辱和欺凌,包括性虐待;各国政府应该采取一切措施消除童婚等有害的社会和文化习俗,避免其对儿童福祉和尊严的不利

---

① 联合国:《消除对妇女一切形式歧视公约》,第13页,http://www.un.org/womenwatch/daw/cedaw/text/0360794c.pdf。
② 联合国:《儿童权利公约》,第9页,http://www.ohchr.org/CH/Issues/Documents/core_instruments/CRC.pdf。

影响"。① 防止和消除童婚、早婚和逼婚的区域倡议还包括"非洲联盟关于结束非洲童婚现象的运动"、《关于结束南亚童婚现象的区域行动计划》(Regional Action Plan to End Child Marriage in South Asia)和《关于采取行动结束南亚童婚现象的加德满都呼吁》(Kathmandu Call for Action to End Child Marriage in South Asia)② 等。

在此背景下,已有非洲国家开始采取行动消除童婚,如马拉维,该国政府意识到通过消除童婚,一方面可以有效避免孕产妇死亡,降低新生儿的死亡率;另一方面可以使女童继续接受教育,这对整个国家的发展和经济增长有积极影响。目前,马拉维已经采取的措施包括:"普遍提供免费小学教育;使人们认识到让孩子们特别是女孩上学的重要性;使怀孕女性可以在生育后返回学校继续接受教育;计划将法定婚龄提高到18岁;提供对年轻人友好的卫生服务,使年轻人获得信息,帮助他们就自己的生殖健康做出知情决定。"③

此外,也有民间组织在消除童婚领域发挥作用,"女童不是新娘"(Girls Not Brides)是一个由全球80多个国家的600多个民间组织组成的全球性的联盟机构④,该机构的宗旨是结束隔离,提升

---

① "African Charter on the Rights and Welfare of the Child", http: //www. unicef. org/esaro/African_ Charter_ articles_ in_ full. pdf.
② 《人权理事会第二十九届会议议程项目3 增进和保护所有人权——公民权利、政治权利、经济、社会和文化权利,包括发展权》, http: //ap. ohchr. org/documents/C/HRC/d_ res_ dec/A_ HRC_ 29_ L15. pdf。
③ 世界卫生组织:《童婚:每天有3.9万起》, http: //www. who. int/mediacentre/news/releases/2013/child_ marriage_ 20130307/zh/。
④ 根据"女童不是新娘"官方网站整理, http: //www. girlsnotbrides. org/the－partnership/what－we－do。

潜力，为女童发声，最终实现消除童婚并确保女童能够充分发挥她们的全部潜能。

（三）认可和尊重无偿护理和家务，在家庭内部提倡责任共担方面的努力

提倡家庭内部性别平等，共同承担家庭内部责任是国际社会一直关注的议题。早在1979年《消歧公约》第5条就明确指出，"缔约各国应采取一切适当措施：改变男女的社会和文化行为模式，以消除基于性别而分尊卑观念或基于男女定型任务的偏见、习俗和一切其他做法；保证家庭教育应包括正确了解母性的社会功能和确认教养子女是父母的共同责任，但应明确在任何情况下应首先考虑子女的利益"。同时《消歧公约》强调，各国应该采取措施，消除家庭内部的性别歧视，父母有相同的权利和义务共同承担照顾子女的任务（第16条1.d）；《消歧公约》建议，应在各国提供公共服务，尤其是提供育儿设施，使得每个人可以兼顾家庭责任和工作，并积极参与公共事务（第11条2.c）。

在为养育子女工作提供公共服务方面，俄罗斯进行了积极的实践。在苏联时期，该国妇女在参与社会劳动的同时担负着照顾家庭的主要责任，为了最大限度地将妇女从家庭工作中解放出来，使她们能够更加充分地投入社会生产，苏联政府采取了对照顾女子等家务工作进行集体化管理的措施，该时期制定了"有关产假、日托及全托幼儿园等问题的相关法律，减轻了母亲的负担"。[①]俄罗斯政府沿用这一策略，通过政府投资扩建学龄前儿童教育（托管）

---

① 〔法〕西蒙娜·德·波伏娃：《第二性》，陶铁柱译，中国书籍出版社，1998，第149页。

机构、鼓励远程就业等方式减轻妇女负担，促进妇女就业。"截至2014年1月1日，俄罗斯新增幼儿园和托儿所席位约40万个……妇女的弹性就业形式得到了发展，2013年申请弹性就业形式岗位的人数占申请就业总人数比例比2012年增长了31%。"① 俄罗斯1995年出台了《给有子女公民提供国家补助的联邦法律》（Федеральный закон《О государственных пособиях гражданам, имеющим детей》），根据该法律的最初规定，有工作的妇女有享有妊娠和生育补助的权利，该法还确定了应发放的妊娠和生育补助金额，这在一定程度上缓解了有子女、有工作的妇女的家庭负担。在随后的几年中，俄罗斯政府多次修改该法律，不仅提高了补助金额，还扩大了补助金领取的范围，如除了有工作的母亲外，照顾子女的父亲、祖父母以及有子女的失业妇女都可以享受照顾子女的国家补助。

俄罗斯政府还在法律层面支持夫妇双方分担育儿责任。"自1992年起，俄罗斯学习欧洲国家的先进经验允许父亲休产假；自2007年起，法律规定每个家庭可以选择母亲工作而父亲休产假的育儿模式，父亲同样可以获得产假津贴，津贴金额按父亲生育前两年平均收入计算。"② 虽然目前在俄罗斯父亲休产假的情况还不常见，但是这一举措为实现家庭内的性别平等创造了条件。

---

① Восьмой периодический доклад государств - участников в 2014году（Российская Федерация），ст. 34 - 35，http：//tbinternet. ohchr. org/_ layouts/treatybodyexternal/Download. aspx？symbolno = CEDAW% 2fC% 2fRUS% 2f8&Lang = zh.

② 苏梦夏：《俄罗斯鼓励生育政策的成效》，《金融时报》中文网，http：//www. ftchinese. com/story/001047044？full = y。

在英国、法国、挪威、芬兰和葡萄牙等国家,由工作组织和政府制定了一种"家庭友好型工作场所和家庭友好型公共政策"(Family-friendly Workplace and Family-friendly Policy),该政策主张"平衡工作和家庭的任务应当个人、家庭、组织和国家来共同承担"。①

除了上述措施外,联合国开发计划署署长海伦·克拉克认为,提供有偿看护服务和提供有偿育儿假也可以在一定程度上促进认可和尊重无偿护理和家务,实现家庭内部平等的落实。

二 《2030发展议程》目标5.a~5.c的前期实践

"赋予妇女权能"是20世纪90年代国际社会提出的综合性概念,妇女的政治赋权、经济赋权、社会赋权、信息赋权等都包含在其中,但是早在这个概念明确提出之前,国际社会就已经开始了增强妇女权能的尝试,在赋予妇女权能概念提出之后,世界各国对于该议题的重视程度有所提高。

(一) 增强妇女和女童经济权能方面的努力

针对经济领域的性别不平等问题,国际社会提出了"妇女经济赋权"这个概念,一般认为,妇女经济赋权是指赋予妇女经济独立和自主的权利,使其能够与男子享有平等的机会参与经济活动、获得和使用土地等经济资源、平等享受金融信贷服务、参与家庭和社会经济决策事宜、在对身体无害的环境中工作等,妇女

---

① 佟新、周旅军:《就业与家庭照顾间的平衡:基于性别与职业位置的比较》,《学海》2013年第2期,第72~77页。

经济赋权还强调应该尊重和认可妇女在家庭和社会中所做的无偿工作。实际上，早在妇女经济赋权的概念最终确立之前，国际社会已经开始关注妇女的经济发展这一议题。

国际劳工组织最先开始通过制定针对特定妇女群体的国际公约的方式保障妇女的劳动权益，例如，1919 年通过了《孕妇保护公约》以保护怀孕中妇女的工作权利；1951 年、1958 年、1981 年分别通过了《关于男女同工同酬的公约》、《（就业和职业）歧视公约》及《有家庭负担的工人公约》等文件，旨在实现同工同酬和非歧视原则；1919 年、1935 年、1960 年和 1990 年还分别通过了《夜间工作公约》、《地下工作（妇女）公约》、《辐射保护建议》和《化学制品公约》等文件，以保障妇女的职业健康和职业安全。1999 年国际劳工组织总干事胡安·索马维亚（Juan Somavia）在国际劳工大会上提出了"体面工作"的概念，而"性别平等对于人人实现体面劳动这一目标至关重要"[1]。

联合国通过签订国际公约的形式来保障妇女同男性享受平等的经济权利，例如，1948 年通过的《世界人权宣言》中规定，每个人有工作、选择职业、同工同酬、不受歧视的权利；1979 年通过的《消歧公约》指出，应该在政治、经济、社会、家庭等领域给予妇女平等的权利。随着性别平等议题的"经济性"[2] 特征越来

---

[1] 世界劳工组织：《实现性别平等和体面工作》，http://www.ilo.org/wcmsp5/groups/public/@asia/@ro-bangkok/@ilo-beijing/documents/statement/wcms_142888.pdf。

[2] 关于性别平等议题的"经济性"参见李英桃《全球政治与性别平等：现状与挑战》，载李慎明、王逸舟编著《全球政治与安全报告 2008》，社会科学文献出版社，2007，第 332 页。

越明显，妇女经济赋权的重要性和现实性逐渐凸显，联合国更加重视妇女经济赋权对于促进性别平等的重要意义，并努力发掘妇女对于世界经济发展的促进作用。2010年联合国发布的《赋权于妇女原则》的副标题为"性别平等带来经济发展"，证明了经济领域的性别平等对推动世界经济发展的积极作用，也证明了妇女经济赋权在整个妇女赋权概念中的重要作用。为了实现经济领域性别的平等，2016年1月，联合国秘书长潘基文在世界经济论坛（World Economic Forum）上宣布，"联合国将建立有史以来第一个致力于妇女经济赋权的高级别小组，就如何改善妇女在实现可持续发展目标的过程中的经济成果、促进妇女在推动经济增长过程中发挥领导力和凝聚政治共识方面提出行动建议"。

在此背景下，国际社会采取了一系列措施，希望构建一个新的公平公正的金融服务体系。2005年，联合国提出了普惠金融体系（Financial Inclusion System）的概念，旨在构建一个"能有效、全方位地为社会所有阶层和群体——尤其是贫困、低收入人口提供服务的金融体系"。[1] 2011年9月30日，普惠金融联盟（Alliance for Financial Inclusion）全体成员在墨西哥通过了《玛雅宣言》（*Maya Declaration*），该宣言"是第一个可以量化的旨在解决25亿无银行服务人口普惠金融问题的全球性宣言"，[2] 为消除金融服务领域的性别偏好影响起到了一定的作用。也有越来越多的国家认识到妇女经济赋权的重要性，并成为积极的实践者。例如，在为

---

[1] 刘亦文、胡宗义等：《中国普惠金融研究丛书：中国农村金融三维均衡发展研究》，湖南大学出版社，2014，第2页。

[2] 张韶华、张晓东：《普惠金融：一个文献的综述》，《比较》2015年第1期，http://m.bijiao.caixin.com/m/2015-04-09/100798794_all.html#page1。

妇女提供平等的金融服务方面,"各国都普遍认识到妇女发展对经济和社会发展的重要意义,并开始采取各种计划和项目促进妇女的发展。其中,小额贷款项目在促进妇女发展方面积累了较成功的经验"。① 在中国,全国妇联组织最早开展小额信贷的实践,到目前已有近 30 年的时间,小额贷款服务对于推动中国妇女自主创业、脱贫减贫起到了积极的作用。2016 年 3 月 8 日,全国妇联副主席崔郁在接受电视采访的时候表示:"截至 2015 年 12 月,全国累计发放妇女小额贷款 2911.81 亿元,获贷妇女 556.06 万人次,中央及地方落实财政贴息资金 256.41 亿元。其中 2/3 在贫困地区。为助力西部地区经济社会发展起到了非常积极的作用。"② 俄罗斯则通过完善小型企业信贷服务、发展小额贷款业务的方式,促进本国妇女创业,使她们与男性一样享有经商的权利,能够获得所需的银行贷款或补助,从而创建和发展自己的事业,比如,独立创办中小企业,参与中小企业的经营和管理等。为此,俄罗斯政府做出了积极的努力,包括"建立和发展保障小型企业运作的企业孵化器;完善小型企业体信贷服务,发展小额信贷业务;逐步降低小型企业管理费用,提高小型企业的生存力和竞争力"。③

---

① 李双金:《小额贷款与妇女发展及其政策启示》,《上海经济研究》2010 年第 7 期,第 55~59 页。
② 《全国妇联副主席崔郁:小额担保贷款助力妇女创业脱贫》,http://news.ifeng.com/a/20160308/47744391_0.shtml。
③ Объединенные шестой и седьмой периодические доклады государств – участников(Российская Федерация)в 2009 году, ст. 49, http://tbinternet.ohchr.org/_layouts/treatybodyexternal/Download.aspx?symbolno=CEDAW%2fC%2fUSR%2f7&Lang=zh.

（二）增强妇女和女童信息赋权方面的努力

在全球化和信息化的时代背景下，妇女和女童的信息赋权工作具有重要的意义，也引发了国际社会的高度关注。联合国通过了涉及妇女和女童信息赋权的国际文书。《北京宣言》和北京《行动纲领》的战略目标 B.3"改善妇女接受职业培训、科技教育和进修教育的机会"部分提道，"使职业和技术培训多样化，增加女童和妇女接受科学、数学、工程学、环境科学和技术、信息技术和高科技等领域教育、职业培训和管理培训的机会并使她们完成这些培训"。① 2002 年，联合国妇女发展署在罗马尼亚的首都布加勒斯特召开大会讨论信息技术与妇女议题，并最终通过了《布加勒斯特宣言》（Bucharest Declaration）。该宣言提出了一个惠及所有人的信息社会（电子包容性）的构想，在该构想中提道，"这个信息社会以广泛传播和分享信息、各利益相关方（包括政府、私营部门和民间团体）的真诚参与为基础。在争取让人人都充分享受信息社会的益处的努力过程中，这些利益相关方的贡献至关重要。政府和其他利益相关方亦应提供必要的条件，确保女性在获取信息和知识上享有同等权利，以及在信息通信技术政策及框架的制定过程中，作为所有环节的参与者和决策者，享有平等机会"。②

2002 年国际电信日的主题为"帮助人们跨越数字鸿沟"，时任

---

① 《第四次世界妇女大会文件：〈北京宣言〉和〈行动纲领〉》，载《第四次世界妇女大会重要文献汇编》，北京：中国妇女出版社，1998，第 195~196 页。
② 《布加勒斯特宣言》，https://www.itu.int/dms_pub/itu-s/md/03/wsispc2/doc/S03-WSISPC2-DOC-0005!!MSW-C.doc。

联合国秘书长科菲·安南就曾提到应该帮助妇女获得和使用信息通信技术，并鼓励更多的妇女加入信息通信技术的创建者、设计者和决策者的行列。2012年国际电信日的主题为"信息通信与女性"，联合国秘书长潘基文和国际电信联盟秘书长哈玛德·图埃（Hamadoun Touré）分别在发言中强调了填补数字鸿沟和性别差距的重要性。

（三）为妇女和女童发展筹资方面的努力

为了给可持续发展筹资，联合国召开了三届发展筹资问题国际会议，包括2002年3月在墨西哥的蒙特雷召开的第一届发展筹资问题国际会议，2008年在卡达的多哈举行的第二届发展筹资问题国际会议和2015年7月在埃塞俄比亚首都亚的斯亚贝巴举行的第三届发展筹资问题国际会议，并通过了两份国际文件：《蒙特雷共识》和《亚的斯亚贝巴行动议程》。

2002年第一届发展筹资问题国际会议通过的《蒙特雷共识》列出包括"筹集国内金融资源促进发展"，"筹集国际资源促进发展：外国直接投资和其他私人资本流动"，"加强国际金融和技术合作以促进发展"和"解决系统性问题：加强国际货币、金融和贸易系统的统一和一致性以促进发展"在内的六大主要行为，性别平等议题贯穿其中。《蒙特雷共识》提道，"要实现可持续发展，和平与安全、国内稳定、尊重人权包括尊重个人发展的权利、性别平等都是必不可少的先决条件（第11条）……在基本制度、人力资源发展、基础教育、公共政策、性别等方面的预算政策对于发展中国家和经济转型国家的能力建设具有极其重要的作用（第19条）……应该将性别观点纳入各级和各个行业发展政策（第 64 条）"。① 该共识提出在贸易活动中缺乏性别观点是一个极大的问题，自由贸易可能会对妇女产生不利的影响，因此，应该将性别观点纳入企业的管理，并吸纳更多的妇女参与经济决策事宜。

2015 年联合国第三次发展筹资问题国际会议通过的《亚的斯亚贝巴行动议程》（Addis Ababa Action Agenda）论证了通过合理的政策和有执行力的立法对性别平等问题进行投资的重要意义。该议程认为，"实现性别平等，增强所有妇女和女童的权能，并充分实现其人权，对于实现持续、包容和公平的经济增长和可持续发展至关重要……我们的世界需要性别平等主流化，包括在制定和执行所有金融、经济、环境和社会政策方面进行有针对性的行动和投资"。② 承诺将正式通过和加强各级促进性别平等和赋予妇女和女童权能的健全政策和可执行的立法和变革行动，确保妇女参与和领导经济的平等权利、途径和机会，并消除性别暴力和一切形式的歧视。

2015 年 5 月 1 日，联合国亚洲及太平洋经济社会委员会（U. N. Economic and Social Commission for Asia and the Pacific）和印度尼西亚共同召开了一场高级别协商会议，来自亚太地区的 40 多个国家的代表出席会议，并通过了一项新的区域发展规划，即利用财政资源加快本区域的可持续发展，这项新的区域发展规划将重点"考虑投资社会部门，以缩小贫富差距和收入不平等，其中包括性

---

① "Monterrey Consensus", pp. 7 - 21, http：//www.un.org/esa/ffd/monterrey/MonterreyConsensus.pdf.
② "Addis Ababa Action Agenda", http：//www.un.org/esa/ffd/wp - content/uploads/2015/08/AAAA_ Outcome.pdf.

别工资差异"。①

第二节 《2030 发展议程》性别平等
目标的新推进

2015 年,在第四次世界妇女大会召开 20 周年之际,联合国提出了"加倍努力,到 2030 年实现 50∶50 的男女平等全球目标"的口号 (Planet 50 – 50 by 2030: Step it Up for Gender Equality),并将其确定为 2016 年国际妇女节的主题②。执行《2030 发展议程》是实现 2030 年 50∶50 男女平等全球目标的重要手段。

一 落实《2030 发展议程》性别平等目标的有效举措

目前,国际社会将《2030 发展议程》视为实现性别平等的重要契机,"促进性别平等,作为一项基本人权以及推动更加公正、包容和可持续性发展的一种变革力量,是这项议程的核心所在"。③ 国际劳工组织在《工作中的妇女:2016 年趋势》报告中表示,"《2030 年可持续发展议程》是解决工作中持续存在的性别不平等问题的一次机会……在其整个职业生涯中,妇女在获得体面劳动机会方面仍面临重大障碍……需要通过执行该议程来消

---

① "Asia – Pacific to pursue action – oriented financing strategy to transform development", http://www.unescap.org/news/asia – pacific – pursue – action – oriented – financing – strategy – transform – development.
② 《联合国教科文组织总干事伊琳娜·博科娃女士在国际妇女节的致辞》, http://unesdoc.unesco.org/images/0024/002438/243844C.pdf。
③ 《联合国机构庆祝"国际妇女节"呼吁加速推进全球女性赋权行动》, http://www.un.org/chinese/News/story.asp?NewsID=25789。

除这些障碍"。① 2015 年 9 月 25 日《2030 发展议程》正式通过以来，联合国、国际劳工组织等国际组织通过召开会议、提出倡议、发布报告和举办国际日主题活动推动《2030 发展议程》的执行。

（一）召开与性别议题相关的国际会议

2015 年 9 月 27 日，联合国妇女署与中国政府在纽约共同召开了以"促进性别平等和妇女赋权：从承诺到行动"为主题的全球妇女峰会（Global Leaders' Meeting on Gender Equality and Women's Empowerment: A Commitment to Action），在此次峰会上，潘基文秘书长赞赏了中国政府和其他发展中国家自 1995 年《北京宣言》和北京《行动纲领》通过以来，在实现性别平等和增强妇女和女童权能方面的努力，同时指出，尽管世界妇女权利发展已取得了一定的进展，但这个进展是缓慢、不均衡的，甚至还有倒退的现象，在世界范围内实现性别平等任重而道远。潘基文呼吁各国领导人做出切实承诺，确保世界各地实现真正的性别平等。他认为，可以采取的措施包括："解决包括同工不同酬在内的结构性障碍；认可并减轻妇女的无偿照顾负担；确保妇女和女童获得性健康和生殖健康的权利；结束针对妇女和女童的暴力行为；推动妇女在政治参与、人道救援、化解冲突和建设和平方面的平等待遇。"② 中国国家主席习近平出席会议并发言，他高度评价了《2030 发展议

---

① 国际劳工组织：《工作中的妇女：2016 年趋势》，http://www.ilo.org/wcmsp5/groups/public/---dgreports/---dcomm/---publ/documents/publication/wcms_457087.pdf。
② 《妇女发展全球领袖峰会开幕 潘基文呼吁各国将承诺变为行动》，http://www.un.org/chinese/News/story.asp?NewsID=24782。

程》的积极意义，习近平认为，"国际社会应该加倍努力，推动妇女和经济社会同步发展，积极保障妇女权利，努力构建和谐包容的社会文化，创造有利于妇女发展的国际环境"。① 发言后，习近平宣布，中国将向联合国妇女署捐款1000万美元，为《北京宣言》和北京《行动纲领》和《2030发展议程》的执行提供资金支持。

2016年2月29日，联合国消除针对妇女歧视委员会召开会议，呼吁在减灾决策、资源管理、获得相关知识、医疗卫生、获得社会保护以及获得早期预警方面消除性别差距，以减轻灾害给不同人群所带来的危害。减灾特别代表罗伯特·格拉瑟（Robert Glasser）强调，"性别不平等使妇女和女童在获取资源保护自己生命方面严重受限，使她们无法对减灾自救做出预先判断，同时，受到社会经济条件、传统习俗和传统文化的影响，妇女遭受灾难影响程度很深，在灾害发生时或在灾害发生后，她们面临着失去生计、遭受性暴力以及生命损失等严重危险，因此，消除减灾管理中的性别差距至关重要"。②

2016年5月24～26日，二十国集团妇女会议（W20）在中国西安成功举办，与会的各国代表参与讨论了将性别视角纳入全球经济治理、妇女就业和创业以及提高妇女社会保障，妇女在数字经济中面对的机遇和挑战，大力打造女性网络等四个方面的重要问题。《2016年二十国集团妇女会议公报》结合《2030发展议程》

---

① 《全球领导人峰会：习近平呼吁促进两性平等 增强妇女赋权能》，http：//www.un.org/sustainabledevelopment/zh/2015/09/boost-gender-equality/。
② 《消除针对妇女歧视委员会会议：减灾特别代表呼吁在减灾管理和气候变化方面弥补两性差距》，http：//www.un.org/sustainabledevelopment/zh/2016/02/women-and-girls-should-be-at-core-of-disaster-risk-reduction/。

的性别平等目标,针对四大问题为二十国集团成员给出了政策建议,比如"消除对妇女一切形式的歧视,促进妇女的经济赋权和经济参与,努力将性别视角纳入二十国集团所有活动;根据《亚的斯亚贝巴行动议程》,大力加强对性别平等和妇女赋权的融资,缩小发展政策中的性别差距;继续加大对社会基础设施的投入,为儿童、老人、残疾人和病人提供照料服务。采取积极措施,鼓励男女平等分担家庭责任;投资于提高妇女和女童参与数字经济的权能,鼓励公共和私有部门投资妇女领导的数字企业;在国家、区域及国际层面支持和加强女性网络的能力建设,等等"。①

2016年6月3日,联合国大会召开了一次高级别主题辩论,讨论极端暴力主义对儿童与青年的影响。会议中提到,极端暴力主义团体往往会大规模地侵犯妇女和女童的权利,"包括性奴役、强迫婚姻、剥夺女性受教育和参与公共生活的权利"。② 会议认为应该打击极端暴力主义以保护儿童与青年,尤其是保护妇女与女童的合法权利。

(二)提出促进性别平等相关的呼吁和倡议

2015年9月25日,在纽约联合国总部召开的可持续发展峰会,巴基斯坦女童英雄马拉拉·尤萨夫扎伊(Malala Yousafzai)向各国领导发起呼吁,强烈要求保障包括女童在内的所有儿童接受教育的合法权利。马拉拉强调,"教育不是一种特权,教育是一项

---

① 《2016年二十国集团妇女会议公报》,http://www.g20.org/hywj/dncgwj/201606/t20160628_2343.html。
② 《联大就极端暴力主义对儿童与青年的影响举行高级别主题辩论》,http://www.un.org/chinese/News/story.asp?NewsID=26280。

权利，但是目前，巴基斯坦、印度、叙利亚和尼日利亚等国家，仍有很多儿童无法在安全的环境下读书，甚至无法接受教育……教育意味着和平……对于儿童未来的投资，可以使这个世界变得更加美好"。①

2015年9月26日，在纽约联合国总部举办了"每个妇女每个儿童"活动（Every Woman Every Child）。此举是为呼应2010年潘基文秘书长发起的"每个妇女每个儿童"倡议，目的是动员各国政府、民间组织和企业组织与联合国合力改善世界妇女和儿童的福祉，降低孕产妇和5岁以下儿童的死亡率。在2016年的"每个妇女每个儿童"活动中，潘基文秘书长正式发起了"妇女、儿童和青少年健康全球战略"（Global Strategy for Women's, Children's and Adolescents' Health），潘基文在发言中呼吁"国际社会加倍努力，力争在2030年前结束妇女、儿童和青少年中可预防的死亡"。② 中国国家主席习近平的夫人彭丽媛也出席了这次活动并发表了讲话。

2016年3月16日，联合国妇女署举办了高级别活动，发起一项有关促进性别平等和实现男女同工同酬的全球性倡议行动，妇女署执行主任姆兰博－努卡（Phumzile Mlambo-Ngcuka）表示，促进性别平等和实现男女同工同酬的行动必须由上向下推进，"只有动员让各国各界的领袖都参与其中，利用手中的权力积极支持

---

① 《可持续发展峰会：马拉拉恳请世界领导人保障女童接受基本教育的权利》，http://www.un.org/sustainabledevelopment/zh/2015/09/malala-sdg-summit/。
② 《潘基文呼吁加大努力 争取在2030年前结束妇女儿童和青少年中可预防的死亡》，http://www.un.org/sustainabledevelopment/zh/2015/09/everywomaneverychild/#prettyPhoto。

相关工作，出台政策法规，消除社会歧视和偏见，让更多女性获得参政议政的机会，才能逐步改善女性在平等获得教育、就业、资源和社会保障等方面的机会"。①

2016年3月15日，联合国妇女署就"每个妇女每个儿童"的倡议举行高级别会议，联合国秘书长潘基文表示，"推动妇女和儿童在权利和健康方面的发展就是推动整个社会的发展"。② 2016年5月19日在联合国土著问题常设论坛第15次会议期间，会议主席阿尔瓦罗·埃斯特·帕普（Alvaro Esteban Pop）呼吁各国政府对土著妇女和女童所面临的巨大的暴力威胁给予足够的重视。

（三）发布妇女和女童生存状况相关报告

2015年12月3日，联合国人口基金（United Nations Population Fund）发布的《2015年世界人口状况报告》（*State of World Population 2015*）表明，在全世界需要人道援助的1亿人口中，约有2600万人口是处于生育期的妇女和年轻女性，然而她们的健康往往在应对自然灾害和冲突行动的人道救援中被忽视了，在灾难中她们更容易成为性暴力的受害者，并容易意外怀孕或者感染性病。同时，由于联合国应对全球范围内的人道危机的资金远远不足，因此向妇女和年轻女性提供性和生殖保健工作也存在巨大的资金缺口。为此，人口基金强调，"在危机情况下应该重视育龄妇女的卫

---

① 《联合国启动有关促进两性平等和实现男女同工同酬的全球倡议行动》，http://www.un.org/chinese/News/story.asp? NewsID = 25841。
② 《潘基文：推动妇女和儿童权利和健康的发展就是推动整个社会的发展》，http://www.un.org/chinese/News/story.asp? NewsID = 25837。

生保健工作，而提供更具有复原力的庇护所有助于抵御灾害，有利于人们和社区从危机中更快地恢复"。①

2016年3月2日，联合国教科文组织（United Nations Educational, Scientific and Cultural Organization）发布了最新的《教育领域性别不平等电子图册》（The World Atlas of Gender Equality in Education）。该电子图册的数据显示，全世界从未上学的女童人数比男童多出一倍。教科文组织总干事伊琳娜·博科娃（Irina Bokova）表示，"如果不能克服阻碍女童和妇女发展的歧视和贫困问题，国际社会将永远无法实现可持续发展目标"。②

2016年4月14日，联合国儿童基金会发布了一份题为《对儿童公平：富裕国家儿童福祉不平等性的排名表》的报告，审视了高收入国家存在的不平等现象如何影响儿童的福祉。报告认为，"社会底层的不平等问题不容忽视，它会使儿童受到伤害，会对他们的未来发展产生不利影响，并最终会影响社会融合以及社会经济的发展。而女童作为弱势群体，面对的不平等问题更加严重"。③

2016年4月25日，联合国人权事务高级专员办事处发布报告指出，残割或切除女性生殖器的行为在几内亚尽管受到国内和国际法的禁止，但该国接受过割礼的15~49岁的妇女和女童比例维

---

① 《世界人口状况最新报告：妇女基本卫生保健在人道危机中受忽视》，http://www.un.org/chinese/News/story.asp? newsID = 25232。
② 《教科文组织：从未上过学的女童人数高出男童一倍》，http://www.un.org/chinese/News/story.asp? NewsID = 25737。
③ 《儿基会报告：高收入国家儿童间的不平等现象不容忽视》，http://www.un.org/sustainabledevelopment/zh/2016/04/gender – inequities/。

持在97%左右,报告建议"各国政府确保全面尊重相关立法和有效执法,对每一起残割或切除女性生殖器行为的可疑案例进行独立和公正的调查,并将这一行为的实施者及其同伙绳之于法"。①

(四)举办国际日主题活动

2015年11月25日,联合国举行了"消除对妇女的暴力行为国际日"主题活动,潘基文秘书长出席活动并发表致辞,他表示,暴力侵害妇女和女童行为具有普遍性,生活在武装冲突地区的妇女和女童正在遭受各种形式的性暴力、性攻击、性奴役和贩运等伤害,暴力极端分子扭曲了宗教教义,使系统性地剥夺妇女自由和控制妇女身体有了正当理由,而即使在和平地区,包括杀戮女性、性攻击、割礼、早婚和网络暴力在内的针对妇女和女童的暴力行为依然长期存在。因此,"潘基文呼吁所有人齐心协力制止这一罪行,促进充分的性别平等,并实现一个妇女和女童享有她们应得的安全的世界"。②

2016年2月6日的"残割女性生殖器零容忍国际日",联合国妇女发展基金和儿童基金会等共同举办了特别活动,活动上,潘基文秘书长发起了反对残割女性生殖器运动的一个宣传图标。图标是一个手捧心形图样的女童,女童下方写着"结束残割女性生殖器"(End FGM)的字样。潘基文强调,"女性生殖器切割的英文缩写是FGM(Female Genital Mutilation),在这一全球运动中

---

① 《人权高专办报告:消除残割或切除女性生殖器行为的努力在几内亚面临巨大障碍》,http://www.un.org/chinese/News/story.asp? NewsID = 26058。
② 《消除对妇女的暴力行为国际日:潘基文呼吁国际社会采取真正行动》,http://www.un.org/chinese/News/story.asp? NewsID = 25190。

FGM 还有着另一种解释：这就是关注女孩的心灵（Focus on Girls' Minds）"。①

2016年2月11日，为庆祝首个"妇女和女童参与科学国际日"，联合国举办了多种活动，教科文组织总干事伊琳娜·博科娃在活动中强调，"当今世界比以往任何时候都更需要科学，而科学需要女性。但是，教科文组织最新统计结果显示，妇女在全世界研究人员中的比例仅为28%，而且随着决策层越高，性别差距就越大"。② 博科娃认为，必须提高妇女和女童在各个层面的科学教育、培训和研究活动中的参与度，为妇女和女童的科技赋权进行投资，才可能实现《2030 发展议程》的相关目标。

2016年5月25日"非洲日"的主题确定为"重点关注妇女权利的人权"（Human Rights with a Particular Focus on the Rights of Women），潘基文在此次活动中鼓励非洲各国领导能够进一步关注妇女的人权问题，在2013年非洲联盟刚刚通过的50年发展规划《2063年议程》中，已经将投资于人民，尤其是妇女和青年列为该议程的优先发展事项，潘基文认为非盟各国应该按照这样的设想积极实践，尊重妇女并充分发挥她们的潜能，"将她们纳入执行《2030 发展议程》和《2063 年议程》的主力军中去"。③

---

① 《残割女性生殖器零容忍国际日：力争到2030年结束这一严重侵犯人权行为》，http：//www. un. org/chinese/News/story. asp？NewsID = 25619。
② 《联合国庆祝首个"妇女和女童参与科学国际日"》，http：//www. un. org/chinese/News/story. asp？NewsID = 25638。
③ 《非洲日：潘基文秘书长呼吁弘扬以妇女权利为特别重点的人权》，http：//www. un. org/chinese/News/story. asp？NewsID = 26230。

（五）制定与性别议题相关的发展战略

国际劳工组织在性别平等框架下的努力主要集中在使妇女享受体面劳动方面，包括消除职业隔离、使妇女同男性一样获得接受培训和职业升迁的均等机会，缩减性别工资差异、实现男女同工同酬等多个内容。2015年11月，国际劳工组织制定了《2015~2017年发展合作战略》，该战略将"人人享有体面劳动"继续作为未来工作的重点，同时强调体面劳动在《2030发展议程》中也占据突出位置。在《2015~2017年发展合作战略》中，国际劳工组织表示，"将继续向少而精的成果转型，深化结果并提高长期影响。《2030发展议程》中以权利为基础的部分为把业务重点放在促进体面劳动上提供了理由。与以往任何时间相比，国际劳工组织发展合作更应该在三方成员中促进国际劳工标准在国家层面的实施，从而改善人们的劳动生涯"。[①]

二 落实《2030发展议程》性别平等目标面对的机遇和挑战

在《2030发展议程》正式通过前，已经有很多国家开始着手可持续发展目标的执行工作，比如2015年4月召开的中西论坛期间，中国和西班牙的妇女代表们就曾经讨论妇女的信息赋权问题，并对打击针对女性的网络暴力、消除数字鸿沟等问题交换意见。联合国经济及社会理事会最新发布的《实现可持续发展目标进展情况秘书长报告（2015~2016年）》显示，世界范围内性别平等目

[①] 《国际劳工组织2015-2017年发展合作战略》，http://www.ilo.org/wcmsp5/groups/public/---ed_norm/---relconf/documents/meetingdocument/wcms_413207.pdf。

标的执行取得了一定的进展，但是要实现《2030 发展议程》所列出的性别平等目标，各国政府还需抓住机遇、迎接挑战。

（一）2030 年议程性别平等目标的进展情况

2016 年 7 月，为了更好地评估 2015 年至 2016 年可持续发展目标进展情况，并配合联合国首届高级别政治论坛的举行，联合国经济及社会理事会发布了《实现可持续发展目标进展情况秘书长报告（2015～2016 年）》（Progress towards the Sustainable Development Goals Report of the Secretary‐General）。这份报告对 17 个可持续发展目标的执行近况进行了统计和汇总。《实现可持续发展目标进展情况秘书长报告》还根据《2030 发展议程》目标 5 的前 5 项具体目标的进展分别进行了统计和描述，对于其他可持续发展目标中的相关性别议题，也进行了详细的梳理。

针对 5.1 在全球消除对妇女和女童一切形式的歧视，报告显示，截至 2014 年，在接受统计的 195 个国家中，已经有 143 个国家在宪法中加入了保障性别平等的法律条款；有 52 个国家尚未做出要在本国实现性别平等的承诺；在法定结婚年龄方面，有 132 个国家规定的女性和男性的法定结婚年龄是相同的，在另外 63 个国家，女性的法定结婚年龄均低于男性。

针对 5.2 消除公共和私营部门针对妇女和女童一切形式的暴力行为，包括贩卖、性剥削及其他形式的剥削，报告显示，大多数此类暴力行为都是由亲密伴侣实施的，2005 年到 2015 年，在接受调查的 52 个国家（仅包含一个发达国家）中，年龄在 15 岁到 49 岁之间的女童和妇女在 12 个月中遭受过亲密伴侣实施的身体暴力和/或性暴力的比例为 21%。此外，人口贩运也对妇女和女童造成极大危害，在全球人口贩运的全体受害者中，女性受害者占到70%。

针对5.3消除童婚、早婚、逼婚及割礼等一切伤害行为，报告显示，全球范围内，妇女的童婚率有所下降。1990年世界范围内20岁到24岁之间的女性受访者中，18岁之前结婚的妇女比例约为32%，15岁以下女童的结婚率为12%；2015年，18岁之前结婚的妇女比例降至26%，15岁以下女童的结婚率降至7%。从世界范围来看，童婚率下降最快的地区是北部非洲，1990年北非18岁之前结婚的妇女比例为29%，到2015年这一比例已经降至13%，减少了一半以上。而童婚现象最严重的两个地区是南亚和撒哈拉以南非洲。在南亚，不满18岁结婚的妇女占44%，在撒哈拉以南非洲该比例为37%，15岁以下女童的结婚率在这两个地区比例也是最高，南亚为16%，撒哈拉以南非洲为11%。在世界范围内，女性生殖器切割这种严重侵犯妇女和女童人权并对她们造成永久性不可逆的伤害行为仍然存在，但是割礼的发生率也呈现下降的趋势。据估算，20世纪80年代中期，在存在割礼的30个国家中，年龄为15岁到19岁的女性接受过割礼手术的比例约为二分之一，时至今日，该比例已降至三分之一左右。

针对5.4认可和尊重无偿护理和家务，各国可视本国情况提供公共服务、基础设施和社会保护政策，报告显示，在世界范围内，妇女和女童承担了家庭内部大部分的无酬工作，包括照顾儿童、老人和生病的家人，以及做饭和打扫房间等家务。据统计，妇女和女童每天用于无酬工作上的时间占到19%，而男性仅为8%。而同时承担社会工作和家庭内部无偿劳动使得妇女和女童承担了更大的工作负荷，她们用于休息、自我照料、学习和培训等其他活动的时间变得更少。

针对 5.5 确保妇女全面有效参与各级政治、经济和公共生活的决策,并享有进入以上各级决策领导层的平等机会,报告显示,2006 年全球参加议会的妇女人数比例约为 17%,2016 年这一比例增至 23%,比十年前提高了 6 个百分点。与 2006 年相比,2016 年在全世界 273 个国会议长职位中,女议长人数从 43 人增加到 49 人;2016 年 1 月,女议长在全体议长中所占比例约为 18%。

虽然未对 5.6 确保妇女普遍享有性和生殖健康以及生殖权利、5.a 给予妇女平等获取经济资源的权利,以及享有对土地和其他形式财产的所有权和控制权,获取金融服务、遗产和自然资源、5.b 加强技术特别是信息和通信技术的应用,以增强妇女权能以及 5.c 采用和加强合理的政策和有执行力的立法,促进性别平等,在各级增强妇女和女童权能这四项具体指标的实施情况进行介绍,但在其他可持续发展目标的进展情况中也涉及了性别平等的相关信息。

虽然过去十年世界发展迅猛,但是增加对于最需要援助者的社会保护仍然是当务之急。全球范围来看,每天都有约 18000 名儿童死于贫困,而仅有 28% 的就业妇女通过缴费和无须缴费的生育津贴获得有效保护。(目标 1. 在全世界消除一切形式的贫困)

与 2000 年相比,2015 年的全球孕产妇死亡率下降了 37%。2015 年,全球孕产妇每 10 万例活产死亡率为 216 例,几乎所有活产孕产妇的死亡都与资源不足有关。2015 年,全球 5 岁以下儿童死亡率下降了 44%,然而,5 岁以下儿童每 1000 例活产死亡率仍高达 43 例,2015 年仍有约 590 万名 5 岁以下儿童死亡。新生儿死亡率(新生儿出生后 28 天内死亡率)从 2000 年的每 1000 例活产死亡率 31 例降至 2015 年的 19 例。2015 年,全球约有 75% 的已婚或同居育龄妇女（15~49岁）使用现代避孕方法满足其计划生育需要；但在撒哈拉以南非洲和大洋洲，该比例不足50%。全球范围内青少年生育率稳步下降，但存在较大地区差异：2015年，在东亚，年龄在15~19岁的少女生育率为每1000个女孩中有7例，而在撒哈拉以南非洲每1000个女孩中有102例。（目标3. 确保健康的生活方式，促进各年龄段人群的福祉）

2013年，全球共有7.57亿文盲（15岁及以上），其中妇女占到2/3；世界范围内的女童失学率为1/10，男童为1/12；来自20%最贫穷的家庭的儿童失学率几乎是其他同龄人的四倍；来自农村地区和户主不及初级教育水平的家庭的儿童失学率也会更高。（目标4. 确保包容和公平的优质教育，让全民终生享有学习机会）

与2009年相比，2015年的全球失业率由6.6%降至6.1%，妇女和青年（15~24岁）比男性和成年人（25岁以上）面临更大的失业可能。除了发达地区和东亚外，其他所有地区的妇女的失业率均高于男性。金融排斥性对妇女的影响仍然较大，2011年至2014年，全球成年人口中，在金融机构或移动货币服务商处开立账户的人口比例由51%增至62%，但是，女性账户持有人比例比男性账户持有人比例低9个百分点。（目标8. 促进持久、包容和可持续经济增长，促进充分的生产性就业和人人获得体面工作）

儿童贩运是严重的国际性问题，2004年至2011年，人口贩运受害者中儿童受害者比例猛增，2011年，在世界范围内，人口贩运受害者中女童和男童所占比例分别为21%和13%，到2014年，该比例分别降至18%和7%，但该数据依然是2004年的将近两倍。基于性别的暴力行为是最令人不安的侵犯妇女和女童的行为之一。

来自31个低收入和中等收入国家的调查数据显示,在18岁前首次遭受性暴力的18~29岁妇女所占比例从没有到16%不等,从仅有的可参考的五个国家的男性受害者数据来看,妇女和女童受到性暴力的比例高于男性。(目标16. 创建和平、包容的社会以促进可持续发展,让所有人都能诉诸司法,在各级建立有效、负责和包容的机构)

目前,全球范围内的数字鸿沟依旧存在,全球使用互联网服务的男性人数多于女性。2015年,全球女性的互联网用户普及率约比男性低了11个百分点,在发展中地区,女性比男性低15个百分点,在最大发达地区,女性比男性低29个百分点。(目标17. 加强执行手段,重振可持续发展全球伙伴关系)

《实现可持续发展目标进展情况秘书长报告》对世界妇女和女童发展情况进行了整体概括,即"近几十年来,实现性别平等和增强妇女和女童权能取得了一定的进展:女童接受教育的机会有所提高,童婚率有所下降,在性健康和生殖健康及生殖权利方面取得了进展,比如孕产妇死亡率有所减低。但是,性别平等问题仍是世界各国面临的一项长期挑战,性别不平等是可持续发展的主要障碍之一"。①

(二)2030年议程性别平等目标面临的机遇和挑战

2016年4月21日,在美国纽约联合国总部举办了一场联大实现可持续发展目标高级别主题辩论会,联合国负责经济和社会事

---

① 《实现可持续发展目标进展情况》,http://unstats.un.org/sdgs/files/report/2016/secretary-general-sdg-report-2016--ZN.pdf。

务的副秘书长吴红波在接受采访的时候介绍了《2030发展议程》在执行过程中面临的机遇和挑战，概括来说，世界各国对于执行该议程的积极性很高，早在该议程正式生效之前，就有不少国家（包括中国）开始落实本国的可持续发展计划，并且除了政府之外，民间组织和企业也纷纷动员起来，为实现新的可持续发展目标积极努力。开展广泛的国际合作、区域合作、主权国家勇于承担责任切实落实政策、所有利益攸关方的积极参与是执行《2030发展议程》所必须的条件。

同时，《2030发展议程》也面临着很多挑战，吴红波副秘书长认为要很好地执行这个议程，"首先，需要意识的转变，把发展、社会进步和环境保护三个领域联系起来看待；其次，需要认识到，《2030发展议程》的169个子目标都是相互关联的，那么因此各国政府的执行部门要做一些调整，只有相互协调、相互合作才能够做好工作；再次，各国政府在落实可持续发展目标的过程中应该根据实际国情做出一些本土化调整，并把这些目标纳入本国的发展规划中去；最后，各国政府要加强能力建设，增强对于可持续发展目标实施情况和统计和监控的能力，使相关工作的开展有据可依"。①

具体到《2030发展议程》的性别平等指标，可持续发展过程中的性别议题越来越受到国际社会高度重视，"政府间论坛日益认识到对性别平等、妇女和女童赋权及实现她们的人权对可持续发展之重要性；各个政府间进程，包括联合国经济及社会理事会对

---

① 《联合国副秘书长吴红波介绍"可持续发展目标"进展情况与存在的挑战》，http://www.unmultimedia.org/radio/chinese/archives/256765/#.V5U0hPl97IU。

于联合国发展系统（UNDS）的长期定位，都必须确保符合《2030 发展议程》的宗旨"。①各国政府、民间组织和企业参与执行可持续发展中的性别平等目标的意愿很高。

《2030 发展议程》对于执行手段的重点关注，也为这一目标的实现创造了条件。相比《千年发展目标》，《2030 发展议程》的目标设定规模更加宏大，涉及的领域更宽，虽然两份文件都没有强制的法律约束力，但是《2030 发展议程》反复强调各国政府应该积极承担执行该议程和衡量议程进展情况的责任，如议程第 63 条所说，"我们重申，每个国家对本国的经济和社会发展负有主要责任，国家政策和发展战略的作用无论怎样强调都不过分"。② 此外，2015 年通过的《亚的斯亚贝巴行动议程》列出了 100 多项支持落实《2030 发展议程》的具体措施，为实现可持续发展目标打下了良好的基础，2016 年 3 月通过的《可持续发展目标各项指标机构间专家组的报告》为《2030 发展议程》的全球监测提供了便于审查和统计的具体指标。

实现《2030 发展议程》的性别平等目标同样面对很多挑战，其中之一就是不合理的世界经济体制。联合国妇女署 2015 年公布的《世界妇女进展 2015～2016：在经济转型中实现权利》报告显示，虽然全球目前积累了大量财富，但是妇女却不能充分从经济

---

① "Structured Dialogue on Financing: Report on Financing the UN‑Women Strategic Plan, Including Its Flagship Programme Initiatives", http://www2.unwomen.org/~/media/headquarters/attachments/sections/executive%20board/2016/1st%20regular%20session%202016/unw‑2016‑crp1‑structured%20dialogue%20on%20financing‑en.pdf?v=1&d=20160108T212723.
② 《改变我们的世界：2030 年可持续发展议程》，第 28 页，https://www.unfpa.org/sites/default/files/resource‑pdf/Resolution_A_RES_70_1_CH.pdf。

发展中获益。目前，仍然有数以千万的妇女被迫从事低收入和低层次的工作；全球男性就业率约为75%，而妇女只有50%；在发展中国家，高达95%的妇女属于非正规就业，不能获得基本的社会保障；并且妇女和女童还要承担大量的无偿护理和家务劳动。因此要实现性别领域的实质性平等（Substantive Equality），就需要改变当前的经济结构，从而保障妇女权利。正如联合国妇女署副执行主任拉克希米·普里（Lakshmi Puri）指出的，"维护妇女的权利不仅将使经济服务于妇女，同时通过创立一种平等、公平和具有可持续性的经济也将使整个社会受益。妇女所取得的进步就是整个社会取得的进步"。①

实现《2030发展议程》的性别平等目标还要面对当地的社会习俗、传统文化和陈旧刻板的性别观念的挑战。以童婚和强迫婚姻为例，这种现象的发生于当地的长期贫困和教育缺失有很大关系，例如在某些地区，生活在赤贫中的父母或者兄长把年幼的女童嫁出去，可以减少家庭内用于抚养子女和受教育的开支；甚至还有的地区，把童婚看作一种可以获利的方式，新娘越小，娘家所负担的嫁妆就越少，同时未来的丈夫为新娘支付的钱财也越多。此外，童婚和逼婚还受到传统文化的影响，"例如，一些文化认为，让女孩在青春期之前嫁出去可以给家庭带来祝福。一些社会认为，早婚使年轻女孩免受性攻击和性暴力，而且可以确保女孩不会未婚先孕给家庭带来耻辱。还有许多家庭把女儿早早嫁出去只不过因为早婚是他们知道的唯一

---

① 《妇女署最新进展报告：政策制定者应改变经济策略 促使两性平等变为现实》，http://www.un.org/sustainabledevelopment/zh/2015/04/transformeconomiesgenderequality/。

选择"。① 割礼现象也与当地的文化有着密切的联系,这种行为被认为是一种成年仪式,或者被看作是降低女性性欲、减少性行为、保持贞洁的手段。在当地,不接受割礼的女童会受到社会的排挤,"比如在几内亚,不接受割礼被认为是不光彩的事情,由于害怕受到社会的排挤并迫于无法结婚带来的压力,有些几内亚女童甚至会主动要求接受割礼"。②

小 结

与《千年发展目标》相比,《2030发展议程》的性别平等目标涉及面更广,要求更具体,因此要实现性别平等,合理有效的执行手段是一个关键。《亚的斯亚贝巴行动议程》为《2030发展议程》性别平等目标的筹资问题提供了合理的建议,《可持续发展目标各项指标机构间专家组的报告》为衡量《2030发展议程》性别平等目标的进展情况提供了参考。联合国最新调查结果显示,相比于过去,国际社会在消除对妇女和女童歧视、消除对妇女和女童一切形式的暴力行为以及确保妇女全面有效参与各级政治、经济和公共生活的决策等方面取得了一定的进展,但是,妇女和女童仍然要面对职业隔离和性别工资差异问题,并且仍旧会受到暴力行为和伤害行为的威胁,而要改变这种局面,就必须要应对现存的不合理的经济秩序、陈旧的传统文化等诸多因素的挑战。

---

① 世界卫生组织:《童婚:每天有3.9万起》,http://www.who.int/mediacentre/news/releases/2013/child_marriage_20130307/zh/。
② 《人权高专办报告:消除残割或切除女性生殖器行为的努力在几内亚面临巨大障碍》,http://www.un.org/chinese/News/story.asp?NewsID=26058。

第四章 中国落实《2030发展议程》性别平等目标的优势基础

《2030发展议程》与联合国《千年发展目标》是一脉相承的。"作为世界上最大的发展中国家,中国一直是全球发展事业的坚定支持者和积极推动者,也是全球落实《千年发展目标》成效最为显著的国家之一。"[①] 中国政府实现男女平等的坚定立场充分体现在其贯彻落实《千年发展目标》中促进性别平等、赋权妇女目标的实践中。而在落实《千年发展目标》中促进性别平等、赋权妇女目标上所取得的巨大成就,又成为中国实施2030年目标的坚实基础。

第一节 中国政府对《千年发展目标》中性别平等目标的承诺

自2000年9月25日《联合国千年宣言》正式通过起,中国有多位国家领导人在重大国际场合中发表演讲,对中国落实《千年

---

① 《王毅部长在落实2030年可持续发展议程国际研讨会上的视频讲话》,http://www.fmprc.gov.cn/web/ziliao_674904/zyjh_674906/t1367799.shtml。

发展目标》做出承诺。总结这些讲话可以发现,《千年发展目标》一直是其中心内容。首先,对《千年发展目标》的承诺,就是对性别平等和赋权妇女的承诺;其次,与性别平等相关的内容则从隐性逐渐变成显性,且重要地位越来越凸显。

一 性别平等在中国国家领导人重大国际场合讲话中得到强化

表4-1 中国国家领导人在重大国际场合中的讲话(2000年9月以来)

人物	时间	地点	活动
江泽民	2000.09.06	纽约	联合国千年首脑会议
胡锦涛	2005.09.15	纽约	联合国成立60周年首脑会议
温家宝	2008.09.25	纽约	联合国千年发展目标高级别会议
吴邦国	2010.07.19	日内瓦	第三次世界议长大会
习近平	2015.09.26	纽约	联合国发展峰会
习近平	2015.09.27	纽约	全球妇女峰会

就在《联合国千年宣言》通过之前,时任中国国家主席江泽民于2000年9月6日在联合国千年首脑会议上发表讲话。他强调,各国相互尊重独立和主权,对维护世界和平极为重要;营造共同安全是防止冲突和战争的可靠前提;推动国际格局走向多极化,是时代进步的要求,符合各国人民的利益,有利于世界和平与安全。他在发言中指出:"维护世界和平,是促进共同发展的必要前提;促进共同发展,又是维护世界和平的重要保证。支持和促进广大发展中国家的发展,努力减少和消除贫困,已成为一个紧迫的全球性问题。"[1] 讲话中已经包括了消除贫困等问题。

---

[1] 《江泽民在联合国千年首脑会议上发表讲话》,http://www.cctv.com/news/china/20000907/2.html。

2005年9月15日，在《联合国千年宣言》通过五周年之际，时任中国国家主席胡锦涛在联合国成立60周年首脑会议上发表题为《努力建设持久和平、共同繁荣的和谐世界》的重要讲话，提出：第一，坚持多边主义，实现共同安全；第二，坚持互利合作，实现共同繁荣；第三，坚持包容精神，共建和谐世界；第四，坚持积极稳妥方针，推进联合国改革。他在发言中强调，"联合国应该采取切实措施，落实《千年发展目标》，特别是要大力推动发展中国家加快发展，使21世纪真正成为'人人享有发展的世纪'"。① 在讲话中，胡锦涛主席直接提到了落实千年发展目标的问题。

2008年9月25日，时任中国国务院总理温家宝在纽约联合国总部召开的联合国千年发展目标高级别会议上发表讲话。讲话中指出："八年前的今天，联合国庄严通过了《千年宣言》，世界上广大贫困人口从中看到了新的希望。""中国作为一个负责任的发展中大国，尽管并不富裕，但已兑现对《千年宣言》的承诺，为世界上一些最不发达国家做出了力所能及的贡献。去年世界银行公布的数据表明，过去25年全球脱贫事业成就的67%来自中国。《联合国千年宣言》的要求，正在中国广袤土地上逐步变为现实。这也是当代中国人应尽的最重大国际责任。"讲话中，温家宝总理提出五点倡议，并承诺从六个方面为实现《千年发展目标》做出自己的贡献。②

---

① 胡锦涛：《努力建设持久和平、共同繁荣的和谐世界》，http：//www.china.com.cn/chinese/news/971778.htm。
② 《温家宝在联合国千年发展目标高级别会上讲话》，http：//www.gov.cn/ldhd/2008-09/26/content_1106073.htm。

但是，这三个发言中都没有专门提到性别平等与赋权妇女问题。

2010年7月19日，在联合国《千年发展目标》提出10周年之际，第三次世界议长大会在联合国日内瓦办事处万国宫开幕。时任全国人大常委会委员长吴邦国出席开幕式，并做了题为《实现千年发展目标 国际社会义不容辞》的重要发言。他在发言中重申了《千年发展目标》包括促进两性平等、改善产妇保健在内的八个目标，提出要坚定信心、加强合作、维护和平三个方面的内容，并代表中国表示："中国作为世界上最大的发展中国家，坚持把发展作为第一要务，坚持走和平发展道路，坚持男女平等、节约资源和保护环境这些宪法确定的基本国策，以实际行动为推动实现《千年发展目标》做出积极贡献。"① 讲话中同时提到了性别平等议题和男女平等的基本国策。

五年后的2015年9月，习近平主席赴纽约出席联合国成立70周年系列峰会，并在联合国总部讲台发表多场演讲。2015年9月26日，国家主席习近平在纽约联合国总部出席联合国发展峰会并发表题为《谋共同永续发展 做合作共赢伙伴》的重要讲话。他指出，"15年前，我们制定了《千年发展目标》，希望帮助亿万人民过上更好生活"，"本次峰会通过的2015年后发展议程，为全球发展描绘了新愿景，为国际发展合作提供了新机遇。我们应该以此为新起点，共同走出一条公平、开放、全面、创新的发展之路，努力实现各国共同发

---

① 吴邦国：《实现千年发展目标 国际社会义不容辞——在第三次世界议长大会上的讲话》（二〇一〇年七月十九日 日内瓦），《中国人大》2010年7月25日，第8页。

展"。①他指出："改革开放30多年来，中国立足自身国情，走出了一条中国特色发展道路。中国基本实现了《千年发展目标》，贫困人口减少了4.39亿，在教育、卫生、妇女等领域取得显著成就。中国发展不仅增进了13亿多中国人的福祉，也有力促进了全球发展事业。"②

2015年9月27日，在中国与联合国妇女署联合举办的"全球妇女峰会"上，习近平主持会议并发表演讲。他的演讲以"促进妇女全面发展　共建共享美好世界"为题，专门讨论了妇女发展问题。他在2030目标和北京第四次世界妇女大会北京《行动纲领》之间建立了联系："我们刚刚通过2015年后发展议程，性别视角已纳入新发展议程各个领域。让我们发扬北京世界妇女大会精神，重申承诺，为促进男女平等和妇女全面发展加速行动。"推动妇女和经济社会同步发展、积极保障妇女权益、努力构建和谐包容的社会文化和创造有利于妇女发展的国际环境，是习近平在讲话中提到的四个主要观点。讲话重申"中国将更加积极贯彻男女平等基本国策，发挥妇女'半边天'作用，支持妇女建功立业、实现人生理想和梦想。中国妇女也将通过自身发展不断促进世界妇女运动发展，为全球男女平等事业做出更大贡献。"③

---

① 习近平：《谋共同永续发展　做合作共赢伙伴》（2015年9月26日），《人民日报》2015年9月27日，第2版，http：//paper.people.com.cn/rmrb/html/2015-09/27/nw.D110000renmrb_20150927_2-02.htm。

② 习近平：《谋共同永续发展　做合作共赢伙伴》（2015年9月26日），《人民日报》2015年9月27日，第2版，http：//paper.people.com.cn/rmrb/html/2015-09/27/nw.D110000renmrb_20150927_2-02.htm。

③ 习近平：《促进妇女全面发展　共建共享美好世界——在全球妇女峰会上的讲话》（2015年9月27日，纽约），《人民日报》2015年9月28日，第3版，http：//paper.people.com.cn/rmrb/html/2015-09/28/nw.D110000renmrb_20150928_1-03.htm。

在讲话中，习近平承诺："为支持全球妇女事业和联合国妇女署工作，中国将向妇女署捐款1000万美元，用于支持落实《北京宣言》和北京《行动纲领》，落实2015年后发展议程相关目标。在今后5年内，中国将帮助发展中国家实施100个'妇幼健康工程'，派遣医疗专家小组开展巡医活动；实施100个'快乐校园工程'，向贫困女童提供就学资助，提高女童入学率；邀请3万名发展中国家妇女来华参加培训，并在当地为发展中国家培训10万名女性职业技术人员。在中国同联合国合作设立的有关基金项下，将专门开展支持发展中国家妇女能力建设的项目。"①

这是中国国家领导人第一次主持由中国政府与联合国妇女署首次联合主办的"全球妇女峰会"并就妇女发展发表讲话。习近平在演讲中谈到了2015年后发展议程、性别视角等全球性别平等运动等核心理念。可以说，这次讲话代表了中国政府实现性别平等的强烈的政治意愿，是中国性别平等发展的一个高峰。

二 《中国妇女发展纲要》与中国促进妇女发展的一贯政策

为了促进中国妇女的进步和发展，由国务院妇女儿童工作委员会在调查研究、广泛征求意见的基础上编制了纲领性文件《中国妇女发展纲要》，确定了一个时期内我国妇女发展的任务和主要目标，并提出了实现这些目标的相应措施。从1995年至今，中国政府已经推出三份《中国妇女发展纲要》（参见表4-2）。

---

① 习近平：《促进妇女全面发展 共建共享美好世界——在全球妇女峰会上的讲话》（2015年9月27日，纽约），《人民日报》2015年9月28日，第3版，http://paper.people.com.cn/rmrb/html/2015-09/28/nw.D110000renmrb_20150928_1-03.htm。

表4-2　三份《中国妇女发展纲要》

1995年7月	中国妇女发展纲要（1995~2000年）
2001年5月	中国妇女发展纲要（2001~2010年）
2011年7月	中国妇女发展纲要（2011~2020年）

第一份《中国妇女发展纲要（1995~2000年）》（以下简称1995纲要）出台于第四次世界妇女召开之前，是我国妇女发展的重要里程碑。它强调"在21世纪即将到来之际，妇女问题更是举世关注的焦点之一，以行动谋求平等、发展与和平，已成为整个国际社会不可逆转的潮流。我国政府已经对有关妇女权利和妇女发展的国际公约做出了庄严承诺。"文件提出："在今后几年中，妇女发展的任务是：动员和组织全国各族妇女投身改革开放和社会主义现代化建设，全面提高妇女素质，依法维护妇女权益，进一步提高妇女地位。"

1995纲要强调，到20世纪末，我国妇女发展的总目标是：妇女的整体素质有明显提高，在全面参与经济建设和社会发展，参与国家和社会事务管理的过程中，使法律赋予的妇女在政治、经济、文化、社会及家庭生活中的平等权利进一步得到落实。

1995纲要的总目标下包含11个针对妇女发展问题的具体目标，其中包括：提高妇女参与国家和社会事务决策及管理的程度；组织妇女积极参与改革开放和现代化建设，推动社会生产力发展；切实保障妇女的劳动权益；大力发展妇女教育，提高妇女的科学文化水平；进一步提高妇女的健康水平，保障妇女享有计划生育的权利；提倡建立平等、文明、和睦、稳定的家庭；到20世纪末，基本解决贫困妇女的温饱问题；改善妇女发展的社会环境，提高她们的生活质量；扩大我国妇女同各国妇女的友好交往，促进世界和平；建立妇女状况的动态研究、数据采集和资料传播机制。

1995 纲要还提出了一系列的政策措施来促进妇女发展，包括政治权利和参与决策、就业和劳动保护、教育与职业培训、卫生保健、计划生育、法律保护、改善妇女发展的社会环境、扶持贫困地区妇女事业的发展。1995 纲要同时规定了组织与实施、监测与评估的机制。[1]

第二份《中国妇女发展纲要（2001～2010年）》（以下简称2001纲要）于2001年由国务院颁布。2001 纲要强调，纲要的制定和实施，目的是强化政府的有关职能，动员全社会的力量，为妇女的进步与发展创造更好的社会环境。同时，鼓励妇女在参与经济和社会发展的过程中争取自身的进步与发展。

2001 纲要的总目标是"贯彻男女平等的基本国策，推动妇女充分参与经济和社会发展，使男女平等在政治、经济、文化、社会和家庭生活等领域进一步得到实现。保障妇女获得平等的就业机会和分享经济资源的权利，提高妇女的经济地位；保障妇女的各项政治权利，提高妇女参与国家和社会事务管理及决策的水平；保障妇女获得平等的受教育机会，普遍提高妇女受教育程度和终身教育水平；保障妇女享有基本的卫生保健服务，提高妇女的健康水平和预期寿命；保障妇女获得平等的法律保护，维护妇女的合法权益；优化妇女发展的社会环境和生态环境，提高妇女生活质量，促进妇女事业的持续发展。"

2001 纲要确定了妇女与经济、妇女参与决策和管理、妇女与

---

[1] 《国务院关于印发中国妇女发展纲要（1995～2000年）的通知》，国发〔1995〕23号，1995年7月27日，《中国妇女发展纲要（1995～2000年）》，《中华人民共和国国务院公报》1995年第21期，第826～836页。

教育、妇女与健康、妇女与法律、妇女与环境六个优先发展领域的主要目标和策略措施。①

第三份《中国妇女发展纲要（2011～2020）》（以下简称2011纲要）开宗明义地指出："实行男女平等是国家的基本国策，男女平等的实现程度是衡量社会文明进步的重要标志。妇女占全国人口的半数，是经济社会发展的重要力量。在发展中维护妇女权益，在维权中促进妇女发展，是实现妇女解放的内在动力和重要途径。保障妇女权益、促进妇女发展、推动男女平等，对国家经济社会发展和中华民族文明进步具有重要意义。"

2011纲要确定了全面发展原则、平等发展原则、协调发展原则、妇女参与原则，将妇女发展的总目标确定为：将社会性别意识纳入法律体系和公共政策，促进妇女全面发展，促进两性和谐发展，促进妇女与经济社会同步发展。保障妇女平等享有基本医疗卫生服务，生命质量和健康水平明显提高；平等享有受教育的权利和机会，受教育程度持续提高；平等获得经济资源和参与经济发展，经济地位明显提升；平等参与国家和社会事务管理，参政水平不断提高；平等享有社会保障，社会福利水平显著提高；平等参与环境决策和管理，发展环境更为优化；保障妇女权益的法律体系更加完善，妇女的合法权益得到切实保护。

2011纲要确定了妇女与健康、妇女与教育、妇女与经济、妇女参与决策和管理、妇女与社会保障、妇女与环境、妇女与法律

---

① 《国务院关于印发中国妇女发展纲要和中国儿童发展纲要的通知》，国发〔2001〕18号，2001年5月22日，《中国妇女发展纲要（2001～2010年）》，《中华人民共和国国务院公报》2001年第21期，第20～29页。

等七个发展领域，确定了2011~2020年十年间的57个主要目标和88条策略措施。①

李舜明在《引领中国妇女发展的新纲要》一文中系统分析了2011纲要的特点。他认为：第一，2011纲要突出了男女平等基本国策的主线；第二，明确了妇女发展的基本原则和方向，即四项基本原则；第三，注重了与国际妇女发展趋势相衔接；第四，强调了积极推进社会性别主流化；第五，给予了女性中的弱势群体以特别关注；第六，强化了保障妇女发展的政府责任。②

中国的性别平等政策还具有注重与国际妇女运动相衔接的特点，从2011纲要指定的原则可以看到："依照《中华人民共和国宪法》的基本原则。根据《中华人民共和国妇女权益保障法》和有关法律规定，遵循联合国《消除对妇女一切形式歧视公约》、第四次世界妇女大会通过的《北京宣言》、北京《行动纲领》等国际公约和文件的宗旨，按照我国经济社会发展的总体目标和要求，结合我国妇女发展和男女平等的实际情况，制定本纲要。"③ 尽管其中没有具体提及《千年发展目标》以及性别平等目标，但这里所提到的所有国际文书是一脉相承的。

---

① 《国务院关于印发中国妇女发展纲要和中国儿童发展纲要的通知》，国发〔2011〕24号，2011年7月30日，《中国妇女发展纲要（2011~2020年）》，《中华人民共和国国务院公报》2011年第31期，第5~23页。

② 李明舜：《引领中国妇女发展的新纲要——略论〈中国妇女发展纲要（2011~2020）〉的几个亮点》，《中国人权》2011年第6期，第25页。

③ 《国务院关于印发中国妇女发展纲要和中国儿童发展纲要的通知》，国发〔2011〕24号，2011年7月30日，《中国妇女发展纲要（2011~2020年）》，《中华人民共和国国务院公报》2011年第31期，第6页。

第二节　中国促进性别平等的进展与成就

中国在落实《千年发展目标》上取得了令世人瞩目的成就。而中国实现目标3性别平等与赋权妇女的成绩是其中的重要组成部分。

在《2015年后发展议程中方立场文件》中，中国政府向世界展示中国落实《千年发展目标》所取得的成绩："中国是第一个提前实现减贫目标的发展中国家。中国极端贫困人口减少数量占全球减贫总数的三分之二，为世界减贫事业做出了巨大贡献。中国所有省、自治区和直辖市已全面普及九年义务教育，就业稳定增长，基本实现了教育与就业中的性别平等。中国医疗卫生服务体系不断健全，儿童和孕产妇死亡率分别下降80%和73.9%，在遏制艾滋病、肺结核等传染性疾病蔓延方面取得积极进展。中国扭转了环境资源持续流失的趋势，获得安全饮水的人口增加五亿多人，保障性安居工程全面启动。"[1]

提高妇女地位、切实赋权妇女、促进性别平等的任务，包含在立场文件的"全面推进社会进步，维护公平正义"这个重点领域和优先方向之下。[2]

一　中国执行千年发展目标3的主要成绩与具体措施

中国在落实《千年发展目标》上取得了卓越成就。本节依据2015年中华人民共和国外交部和联合国驻华系统联合发布的《中

---

[1] 《2015年后发展议程中方立场文件》，2015年5月18日，http://www.china-un.org/chn/hyyfy/t1264863.htm。

[2] 《2015年后发展议程中方立场文件》，2015年5月18日，http://www.china-un.org/chn/hyyfy/t1264863.htm。

国实施千年发展目标报告（2000~2015年）》①所提供的数据进行归纳（见图4-1）。

具体目标	实现情况
目标1：消除极端贫困与饥饿	
目标1A：1990年到2015年，将日收入不足1.25美元的人口比例减半	已经实现
目标1B：让包括妇女和年轻人在内的所有人实现充分的生产性就业和体面工作	基本实现
目标1C：1990年到2015年，将饥饿人口的比例减半	已经实现
目标2：普及初等教育	
目标2A：2015年前确保所有儿童，无论男女，都能完成全部初等教育课程	已经实现
目标3：促进两性平等和赋予妇女权利	
目标3A：争取到2005年在中、小学教育中消除两性差距，最迟于2015年在各级教育中消除此种差距	已经实现
目标4：降低儿童死亡率	
目标4A：从1990年到2015年将五岁以下儿童死亡率降低三分之二	已经实现
目标5：改善孕产妇保健	
目标5A：1990年到2015年，将孕产妇死亡率降低四分之三	已经实现
目标5B：到2015年使人人享有生殖健康服务	基本实现
目标6：与艾滋病病毒/艾滋病、疟疾和其他疾病做斗争	
目标6A：到2015年，遏制并开始扭转艾滋病病毒和艾滋病的蔓延	基本实现
目标6B：到2010年，实现为所有需要者提供艾滋病病毒/艾滋病的治疗	基本实现
目标6C：到2015年，遏制并开始扭转疟疾和其他主要疾病的发病率	基本实现
目标7：确保环境的可持续性	
目标7A：将可持续发展原则纳入政策和计划，扭转环境资源损失趋势	基本实现
目标7B：降低生物多样性丧失，到2010年显著降低生物多样性丧失的速度	没有实现
目标7C：到2015年将无法持续获得安全饮用水和基本环境卫生设施的人口比例降低一半	已经实现
目标7D：到2020年，明显改善约1亿棚户区居民的居住条件	很有可能
目标8：建立全球发展伙伴关系	

图4-1 中国实施千年发展目标进展情况

资料来源：《中国实施千年发展目标报告（2000~2015年）》，第17页，http：//www.cn.undp.org/content/dam/china/docs/Publications/UNDP-CH-SSC-MDG2015_Chinese.pdf?download。

---

① 《中国实施千年发展目标报告（2000~2015年）》，2015年7月，http：//www.cn.undp.org/content/dam/china/docs/Publications/UNDP-CH-SSC-MDG2015_Chinese.pdf?download。

根据图4-1所显示的指标完成情况，从整体看，促进性别平等与赋权妇女的目标3已经实现；与妇女直接相关的目标1中专门涉及妇女的目标1B基本实现；普及初等教育的2A已经实现；目标5改善孕产妇保健中的目标5A已经实现，5B基本实现；与艾滋病病毒/艾滋病、疟疾和其他疾病做斗争的目标6基本实现。通过实实在在的数字，可以更清楚地看到中国落实《千年发展目标》的具体成绩。

首先看一下促进性别平等、赋予妇女权力的目标3在中国的执行情况。

如本书第一章已经说明的，关于"具体目标3A：争取到2005年在中、小学教育中消除两性差距，最迟于2015年在各级教育中消除此种差距"，设定了三个监测指标。

3.1 小学、中学、高等教育中女生对男生比率：就第一个监测指标看，中国已经实现了中小学教育中的性别平等。2008年，中国全面实现城乡九年免费义务教育，此后男、女童小学净入学率均保持在99%以上，男女童入学率性别差异全面消除（见图4-2）。

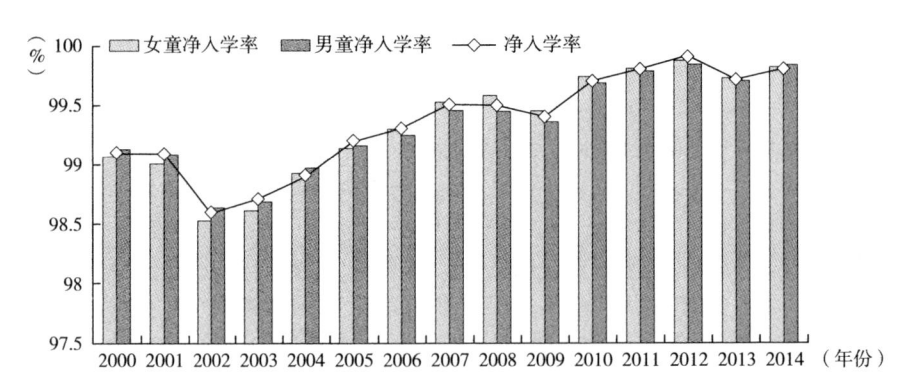

图4-2 2000~2014年小学女童与男童入学率差异情况

资料来源：《中国实施千年发展目标报告（2000~2015年）》，第26页，http://www.cn.undp.org/content/dam/china/docs/Publications/UNDP-CH-SSC-MDG2015_Chinese.pdf?download。

自2010年起，女生在普通大学、大专的人数已经超出男生

(见图 4 - 3)。

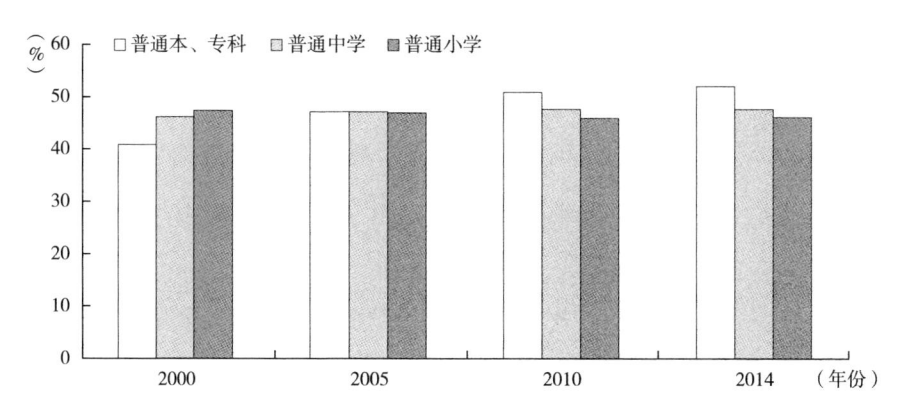

图 4 - 3　2000~2014 年各阶段在校人数中女生所占比例
资料来源:《中国实施千年发展目标报告(2000~2015 年)》,第 27 页,http://www.cn.undp.org/content/dam/china/docs/Publications/UNDP - CH - SSC - MDG2015_ Chinese.pdf? download。

3.2　非农业部门有酬就业者中妇女所占比例:《中国实施千年发展目标报告(2000~2015 年)》中在第三个目标下没有讨论这一指标,但讨论目标 1B 使包括妇女和青年人在内的所有人都享有充分的生产性就业和体面的工作时已经说道:"女性就业范围扩大。越来越多的女性进入计算机、通信、金融、保险等技术、知识密集型行业,并成为这些行业发展的重要力量。卫生技术、教学、会计、统计、翻译、图书文博和播音等领域的专业技术人员中,女性比例超过男性。2014 年女性就业人员占全国就业人口总数的 44.8%,2012 年公有经济高级专业技术人员中的女性比例为 35.7%,提前实现了《中国妇女发展纲要(2011~2020 年)》中的目标。女性自主创业的比例达到 21% 以上,女企业家约占企业家总数的 25%。"①

---

① 《中国实施千年发展目标报告(2000~2015 年)》,2015 年 7 月,http://www.cn.undp.org/content/dam/china/docs/Publications/UNDP - CH - SSC - MDG2015_ Chinese.pdf? download,第 14 页。

3.3 国家议会中妇女所占席位比例：对于第三个监测指标的基本结论是，妇女参政议政状况不断改善。《中国实施千年发展目标报告（2000~2015年）》指出，中国是世界上人口最多的国家，2014年总人口为13.68亿人，其中女性有6.67亿人，占人口总数的48.8%。目前，中国国家领导人中有6位女性。第十二届全国人大女代表占代表总数的23.4%（见图4-4），第十二届全国政协女委员占委员总数的17.8%，中国共产党第十八届全国代表大会中女代表的比例为22.95%，均比上届有所提高。基层妇女参政状况不断改善。2013年全国居民委员会成员中女性占48.4%，女性进村民委员会和村党委的比例从2008年的20%左右提高到2013年的93.64%，有些省市实现了村村都有女委员。

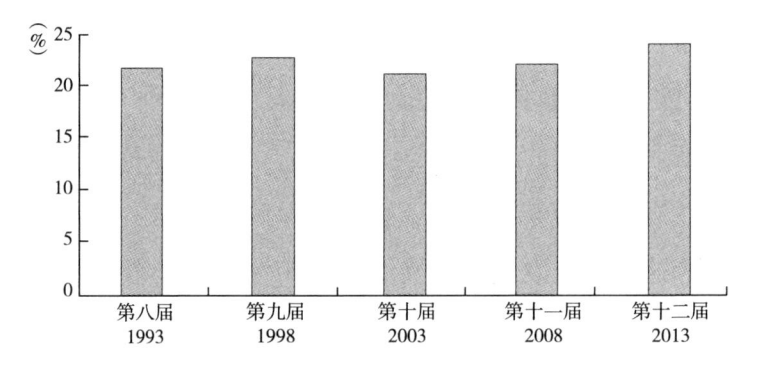

图4-4 第八届至第十二届全国人民代表大会女性代表比例

资料来源：《中国实施千年发展目标报告（2000~2015年）》，第28页，http://www.cn.undp.org/content/dam/china/docs/Publications/UNDP-CH-SSC-MDG2015_Chinese.pdf?download。

除了衡量目标3，本节也对与妇女有直接关联的目标5稍加概括。

具体目标5A：1990年到2015年，将孕产妇死亡率降低四分之三，其中包括"5.1产妇死亡率""5.2由卫生技术人员接生的新生儿比例"两个监测指标。就5.1的落实情况来看，中国已经实现降低孕产妇死亡率目标。中国在降低孕产妇死亡率方面进展良好，全国孕产妇死亡率从1990年的88.8/10万下降为2013年的23.2/10万，降低了73.9%，实现了降低四分之三的《千年发展目标》。城乡之间孕产妇死亡率差距逐渐缩小。2013年城市和农村地区孕妇死亡率分别为22.4/10万和23.6/10万，城乡差距由1991年的1：2.2缩减为2013年的1：1.1。关于5.2监测指标的落实情况：2013年，全国孕产妇住院分娩率由1990年的50.6%提高到99.5%，新法接生率由1990年的94%提高到99.9%（见图4-5）。

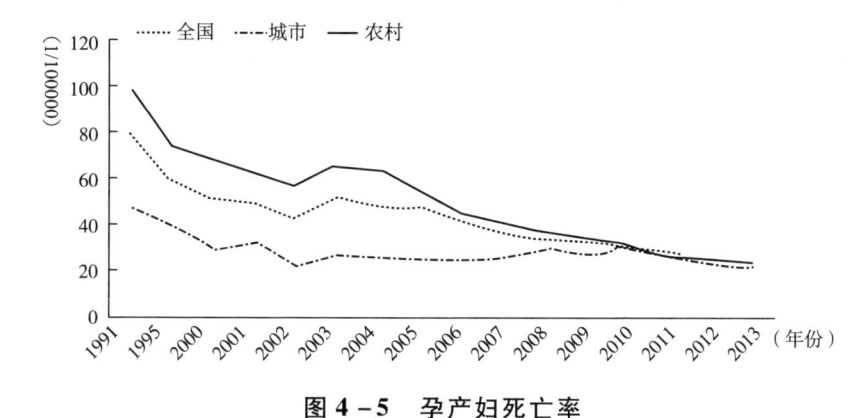

图4-5 孕产妇死亡率

资料来源：《中国实施千年发展目标报告（2000~2015年）》，第36页，http：//www.cn.undp.org/content/dam/china/docs/Publications/UNDP－CH－SSC－MDG2015_Chinese.pdf？download。

就具体目标5B的执行情况来看：到2015年生殖健康服务免费计划生育基本技术服务实现了全覆盖。孕产期医疗保健服务体系已形成。妇女生殖健康保障水平进一步提高。

《中国政府实施千年发展目标报告》[1]从四个方面总结了中国

---

[1] 《中国实施千年发展目标报告（2000~2015年）》，2015年7月，http：//www.cn.undp.org/content/dam/china/docs/Publications/UNDP－CH－SSC－MDG2015_Chinese.pdf？download。

政府在实现性别平等和赋权妇女方面的具体举措。

第一，不断健全有利于男女教育平等和维护妇女权益的法律法规。2006年，中国对《义务教育法》进行了修订，进一步明确适龄儿童、少年不分性别、民族等，依法享有平等接受义务教育的权利，并建立了义务教育监督机制，为促进中小学教育中的性别平等提供了法律保障。中国不断完善促进妇女发展和保障妇女权益的法律体系，目前已形成以宪法为基础，以《妇女权益保障法》为主体，包括《就业促进法》《劳动合同法》《女职工劳动保护特别规定》等在内的100多部法律法规，《反家庭暴力法》已经进入立法程序，为妇女发展和维权提供了根本保障。

第二，制定中国妇女发展纲要。从1995年起，中国连续制定了《中国妇女发展纲要（1995~2000年）》《中国妇女发展纲要（2001~2010年）》《中国妇女发展纲要（2011~2020年）》三份纲要。目前正在实施的《中国妇女发展纲要（2011~2020年）》确定了健康、教育、经济、决策与管理、社会保障、环境、法律共7个发展领域的主要目标和策略措施。中国将实施妇女发展纲要纳入国民经济和社会发展规划，并通过法律将其制度化，以推进妇女的全面发展与权利实现。

第三，促进妇女创业就业。中国政府积极制定有利于促进男女平等就业、公平享受社会资源的政策措施，努力缩小男女收入差距，保障农村妇女土地权益。2009年，中国政府制定了旨在推动妇女创业就业的"妇女小额担保贷款财政贴息政策"。截至2014年底，累计发放妇女小额担保贷款2172.75亿元，中央及地方落实财政贴息资金共计186.81亿元，为459.15万人次妇女提供了创业启动资金，辐射带动千万妇女创业就业。

第四，努力解决出生人口性别比例失调问题。从20世纪80年代开始，中国出生人口男女性别比开始高于103至107的正常值范围。针对出生人口男女性别比偏高的问题，中国制定并实施了一系列有利于计划生育女儿户和女孩健康成长的经济社会政策，深入开展"婚育新风进万家活动"和"关爱女孩行动"。经过多年的努力，持续升高的出生性别比例失调问题有所遏制。①

二 中国促进性别平等、赋权妇女的综合成就与宏观举措

《千年发展目标》目标3的监测指标，从衡量性别平等三个重要维度出发，从局部反映了1995年第四次世界妇女大会和2000年《千年发展目标》提出后，中国在性别平等和赋权妇女方面所取得的成绩。中国促进性别平等、赋予妇女权利的努力与成绩，更加全面、具体的成就体现在《中华人民共和国执行〈北京宣言和行动纲领〉（1995年）及第23届联大特别会议成果文件（2000年）情况报告》（以下简称《情况报告》）中。②

《情况报告》结合中国国情和中国妇女发展面临的主要问题，选取北京《行动纲领》中12个重大关切领域中的11个进行详尽梳理。在未列入"妇女与武装冲突"的同时，该报告讨论了"金融危机对妇女发展的主要影响与积极应对"问题。其中许多要点，

---

① 《中国实施千年发展目标报告（2000~2015年）》，2015年7月，http://www.cn.undp.org/content/dam/china/docs/Publications/UNDP-CH-SSC-MDG2015_Chinese.pdf?download，第28~29页。

② 《中华人民共和国执行〈北京宣言和行动纲领〉（1995年）及第23届联大特别会议成果文件（2000年）情况报告》，http://www2.unwomen.org/~/media/headquarters/attachments/sections/csw/59/national_reviews/china_review_beijing20.ashx?v=1&d=20140917T100719。

本身既是所取得的成就，又是取得更大成就的保障措施，具体内容如下。

妇女与贫困：第一，加大扶贫力度，减少妇女贫困人口；第二，实行社会保障，使贫困妇女受益；第三，减轻农民负担，促进农村妇女增收；第四，利用国家和社会资金，保障贫困妇女饮水安全。

妇女的教育和培训：第一，出台政策加大投入，缩短男女受教育差距；第二，改善女童受教育环境，消除男女童受教育差距；第三，完善政策促进教育公平，保障流动人口适龄女童的受教育权利；第四，采取有效措施，提高妇女接受中、高等教育比例；第五，加大扫盲力度，持续降低女性文盲率；第六，加强职业技能培训，提高妇女就业竞争力；第七，提高妇女素质，全国妇联发挥了重要作用。

妇女与健康：第一，制定和出台法规政策，提高妇女健康水平；第二，开展健康教育宣传，提高妇女自我保健能力；第三，实施项目干预，解决妇女健康领域的突出问题；第四，加强妇幼卫生服务体系建设；第五，扩大预防艾滋病母婴传播覆盖面，将妇女艾滋病病毒感染率控制在较低水平。

妇女与经济：第一，完善法规政策，保障妇女平等就业权利；第二，出台政策实施行动，促进女大学生创业就业；第三，加强培训与指导，提升妇女就业能力；第四，实行小额担保贷款财政贴息政策，促进妇女就业；第五，妇女就业规模扩大，参加社会保险人数增加；第六，完善法规政策，保障妇女获得平等土地权益。

妇女与环境：第一，制定规划，提出优化妇女发展环境的目标要求；第二，倾听妇女声音，提高妇女参与环境决策的比例；第三，开展公益项目，增强妇女环保能力；第四，加大农村改水改厕力度，改善农村妇女人居环境。

对妇女的暴力：第一，完善相关法规政策，为反暴力提供依据；第二，将反家庭暴力法纳入国家立法计划；第三，强化司法保护，切实保障妇女人身权利；第四，持续开展打击拐卖人口犯罪专项行动，遏制拐卖犯罪高发势头；第五，开展国际项目，加强反拐国际司法合作；第六，政府部门和非政府组织合作，反对对妇女的暴力。

妇女的人权：第一，保障妇女人权，是中国所有人权的重要组成部分；第二，《中国妇女发展纲要》将保障妇女人权作为政府重要职责；第三，开展普法宣传教育，提高全社会对妇女权利的认识；第四，实施"中国妇女法律援助行动"，为妇女遭受侵权案件提供法律援助；第五，加强维权服务机构建设，为妇女维权提供指导与服务。

妇女参与政治与决策：第一，制定完善促进妇女参政的法规政策，保障妇女政治权利；第二，国家制定实施专项规划，推动妇女民主政治参与进程；第三，地方政府制定实施专项规划，层层保障妇女政治权利；第四，非政府组织积极行动，大力促进妇女参政；第五，多措并举，使妇女参政取得新进展。

提高妇女地位的机制：第一，促进性别平等、保障妇女权益是各级人大和政协的工作任务；第二，中国政府不断完善提高妇女地位的工作机制，促进性别平等；第三，中国推动性别平等的研究机构和评选机制创新发展，为促进性别平等提供理论支持和社会环境；第四，探索建立性别平等评估机制，将性别意识纳入立法和法律实践；第五，出台地方性别平等法规和政策，为完善性别平等机制探索经验；第六，开展地方性别平等预算试验，先行先试积累经验。

妇女与传媒：第一，加强监管，促进媒体中的性别公正；第二，政府支持非政府组织开展性别平等宣传，通过项目支持给予财政补贴；第三，妇女组织发挥优势，向社会传播性别平等理念；第四，加强研究，促进更多女性参与媒体。

女童：第一，制定实施《中国儿童发展纲要（2011～2020年）》，促进男女儿童平等发展；第二，完善法规政策，保障女童生存权利；第三，采取有效措施，保障女童的健康权和受教育权；第四，多措并举，保护女童免受暴力侵害；第五，制定出台政策，提高弱势儿童群体的保障水平；第六，开展农村留守流动儿童关爱服务体系试点，维护留守女童合法权益；第七，逐步推进适度普惠型儿童福利和未成年人社会保护试点工作，为儿童普遍提供福利保障和社会保护。①

《情况报告》在总结中国取得的总体成就的同时，从宏观层面上，提纲挈领地把握了中国执行北京《行动纲领》和落实《千年发展目标》取得巨大成绩的八个原因，包括：第一，实行男女平等基本国策，为实现两性平等提供坚强保障；第二，制定实施中国妇女发展纲要，通过目标措施引领性别平等发展；第三，不断完善保证妇女权益的法律体系，从制度上实现性别平等；第四，将妇女发展

---

① 以上 11 个方面的要点总结，请参考《中华人民共和国执行〈北京宣言和行动纲领〉（1995 年）及第 23 届联大特别会议成果文件（2000 年）情况报告》，http：//www2. unwomen. org/ ~ /media/headquarters/attachments/sections/csw/59/national_ reviews/china_ review _ beijing20. ashx？v = 1&d = 20140917T100719。

纳入经济社会发展规划，实现同步发展；第五，提高妇女地位的国家机制不断完善，为促进性别平等提供组织保障；第六，健康和教育领域性别平等进程加速；第七，开展国际交流与合作，促进全球妇女儿童共同发展；第八，将《千年发展目标》纳入国家经济社会发展规划，推动目标和北京《行动纲领》的有效落实。①

深入分析与《千年发展目标》直接相联系的第八个举措，可以看到一些更为具体的思路和做法。《情况报告》强调：

> 一是中国政府将《千年发展目标》融入国民经济和社会发展规划，国家"十一五"、"十二五"规划纲要把促进性别平等、保障妇女权益列入专门章节提出明确要求；二是中国政府将《千年发展目标》融入《中国妇女发展纲要》，2001、2011年的《中国妇女发展纲要》充分吸纳了《千年发展目标》的主要内容；三是中国通过实施《千年发展目标》，有力推动了两性平等和妇女发展；四是中国执行《千年发展目标》，强调全球伙伴关系，积极开展南南合作，帮助其他发展中国家发展，促进了《行动纲领》在全球更大范围内的经验和成果共享。

通过这一总结可以看到，中国国内的全局性规划与专门针对妇女发展的规划、促进性别平等的国际文书《千年发展目标》与北京《行动纲领》紧密结合在一起，共同推动实现性别平等与赋予妇女权利的目标。

---

① 《中华人民共和国执行〈北京宣言和行动纲领〉（1995 年）及第 23 届联大特别会议成果文件（2000 年）情况报告》，http：//www2. unwomen. org/ ~ / media/headquarters/attachments/sections/csw/59/national _ reviews/china _ review_ beijing20. ashx？v = 1&d = 20140917T100719。

第三节 促进性别平等的中国经验与成功案例

对于北京《行动纲领》和《千年发展目标》执行情况的呈现，一般是采取枯燥的数字和单调的条文形式，但整个执行过程中却充满了丰富生动的故事，充满情感与人性的力量。不同层级、不同地区、针对不同人群的相关实践非常之多，本节选取几个具有典型性的项目加以介绍。"以人为中心"、"以妇女为中心"和"以妇女发展为中心"，这是实现性别平等与赋予妇女权利的重要组成部分。

一 "春蕾计划"与"大地之爱·母亲水窖"

当地时间2015年9月26日，中国国家主席习近平的夫人、联合国教科文组织"促进女童和妇女教育特使"彭丽媛在纽约联合国总部出席"可持续发展教育优先（Education First for Sustainable Development）高级别会议"。她在会议上分享了自己的父亲在一个小山村通过教书改变当地儿童生活的故事和她自己的"中国梦"。她在讲话中指出："教育事关妇女和女童。女童入学非常重要，因为她们有一天会成为自己孩子的第一位老师。然而，妇女依然占世界贫穷人口的一半，她们中有六成成年人不识字。教育是解决此类不平等的关键。在中国，'春蕾计划'已经帮助300万女童重返校园。许多人读完了大学，并在工作岗位上表现出色。"[1]

---

[1] Peng Liyuan, "First Lady of China and UNESCO Special Envoy for the Advancement of Girls and Women's Education, 26 Sep 2015", http：//webtv.un.org/search/peng-liyuan-first-lady-of-china-and-unesco-special-envoy-for-the-advancement-of-girls-and-women's-education/4524229063001？term = peng liyuan.

彭丽媛着意强调的"春蕾计划"是中国普及基础教育、缩短男童女童之间受教育差距、实现性别平等的一个重要项目，但是它最初并非为了回应《千年发展目标》而提出，它的出现远远早于《千年发展目标》的提出。

1997年，时任全国妇联书记处书记的康泠在题为《"春蕾计划"的实践与前景》的讲话中总结了该计划的发展历程。1988年全国第一次女童工作会议召开后，一些边远地区开始开设女童班。1989年中国儿童少年基金会建立了"女童升学助学金"，但资助范围比较小，也不规范。1992年，"女童升学助学金"改名为"春蕾计划"，开办春蕾女童班，对被资助的对象、标准、方法也做出了明确规定，使"春蕾计划"更符合贫困地区的实际。1994年以世界妇女大会在北京召开为契机，全国妇联、中国儿童少年基金会发起了"迎接世界妇女大会，亿万爱心献春蕾"系列行动，提出两年内在全国救助5万名失学女童的目标。党和国家领导人表达了对发展女童教育、实施"春蕾计划"的充分肯定和巨大支持。各地妇联将"春蕾计划"纳入重要会议日程，制定了具体实施方案；取得了各级党政领导的大力支持，组织了声势浩大、卓有成效的动员活动，唤起全社会对女童教育的关注；动员起覆盖全社会的资助渠道，凝聚成支持女童受教育的合力。"春蕾计划"在执行过程中形成一系列突出特点：第一，支持到人，直接受益者是贫困女童；第二，妇联妈妈关爱，体现人间真情；第三，透明度高，使资助者放心。整体来看，"春蕾计划"已经取得喜人成绩。[1]

---

[1] 康泠：《"春蕾计划"的实践与前景——在云南全国省际妇联对口扶贫工作经验交流会暨"三西"地区妇干培训班上的讲话（1997）》，载全国妇联办公厅编《七大以来妇女儿童工作文选（1993~1998）》（内部资料），第824~838页。

从康泠总结"春蕾计划"实施经验的 1997 年至今,"春蕾计划"又经过近 20 年的发展。2015 年中国政府为联合国第 59 届妇地会准备的《情况报告》中提供的统计数据显示:5 年来,"春蕾计划"累计捐建春蕾学校近 400 所,资助 40 多万人次贫困学生,改变了贫困地区女童的命运。[①]

如果说"春蕾计划"是针对女童,其结果必然影响女童所在的家庭和其未来的生活与发展;那么,"母亲水窖"工程项目则主要针对成年妇女及其家庭,在关系到妇女发展与性别平等进程的同时,也关系到整个社会的发展和《千年发展目标》的实现。

"大地之爱·母亲水窖"项目是中国消除贫困、促进性别平等实践中最有代表性的创新行动之一。中国国务院扶贫办所编辑的《中国社会扶贫创新行动优秀案例集 2012》以"母亲水窖公益——发展中创新,创新中发展"为题,介绍了项目的情况。

> 联合国千年发展目标制定之时,为了配合国家西部大开发战略和全国妇联提出"举全国妇女之力建西部美好家园"的号召,以帮助西部农村妇女及家庭解决饮用水困难为切入点,2000 年,全国妇联、北京市政府、中央电视台联合主办,中国妇女发展基金会承办"情系西部·共享母爱"世纪爱心行动,直接面向社会筹资,并于 2001 年初由全国妇联和水利部联合发文,正式设立"母亲水窖"项目基金,开展"母亲

---

① 《中华人民共和国执行〈北京宣言和行动纲领〉(1995 年)及第 23 届联大特别会议成果文件(2000 年)情况报告》,http://www2.unwomen.org/~/media/headquarters/attachments/sections/csw/59/national_reviews/china_review_beijing20.ashx?v=1&d=20140917T100719。

水窖"项目,以修建集雨水窖的形式关爱西部妇女及其家庭。项目以解决安全饮水为龙头,将贫困、环境卫生、健康教育等问题统筹考虑,开展"1+5"综合扶贫模式,将水、健康、发展为内容的知识培训等非工程性措施同步实施,为受益妇女及家庭提供生存和发展的基础性条件。①

其中的"1+5"是指"一口水窖带动一处卫生厕所、一个沼气或太阳灶、一圈家畜、一亩树木蔬菜、一个美化的庭院"。②这是"1+N"模式的具体化,各地根据情况不同,可以因地制宜地将"N"调整成具有本地化特点的内容。

"母亲水窖"项目的管理机构如图4-6③所示:

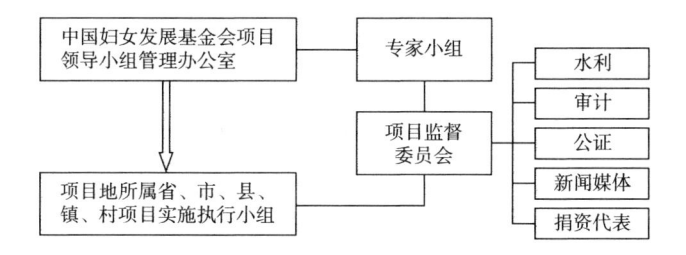

图4-6 "母亲水窖"项目管理机构图

资料来源:中国妇女发展基金会:《母亲水窖公益——发展中创新,创新中发展》,载国务院扶贫办编《中国社会扶贫创新行动优秀案例集2012》,中共中央党校出版社,2013,第246页。

---

① 中国妇女发展基金会:《母亲水窖公益——发展中创新,创新中发展》,载国务院扶贫办编《中国社会扶贫创新行动优秀案例集2012》,中共中央党校出版社,2013,第245页。

② 中国妇女发展基金会:《母亲水窖公益——发展中创新,创新中发展》,载国务院扶贫办编《中国社会扶贫创新行动优秀案例集2012》,中共中央党校出版社,2013,第246页。

③ 中国妇女发展基金会:《母亲水窖公益——发展中创新,创新中发展》,载国务院扶贫办编《中国社会扶贫创新行动优秀案例集2012》,中共中央党校出版社,2013,第246页。

由于每口水窖所需投资少，只有 1000 元，实物成果（水窖）具体看得见，水窖建成后对农户的影响又是"立竿见影"，这就容易使捐赠人进行简单直观的评介，容易得到捐赠人的信任，从而容易得到人们的支持和捐赠。"母亲水窖"这一公益产品的成功有四个因素，一是卖点好，二是投资少，三是成果具体，四是见效快。妇女发展基金会的统计结果显示，截至 2011 年底，中国妇女发展基金会共向以西部为主的 24 个省区市贫困干旱地区投入社会捐款 3 亿多元人民币，共修建"母亲水窖"12.5 万口，小型集中供水工程 1400 多处，近 180 万群众受益。[1]《情况报告》对"大地之爱·母亲水窖"工程项目进行了总结，报告指出：2009 年以来，"大地之爱·母亲水窖"工程项目，累计投入资金 1.18 亿元，使 50 余万人口受益。[2]

根据最新的统计数据，"截至 2015 年底，'母亲水窖'项目实施规模 8.96 亿元，在 25 个省（区、市）建设集雨水窖 13.94 万口，集中供水工程 1698 处，改善了 543 所农村中小学校饮水卫生状况，解决了中西部地区 290 万贫困群众的饮用水困难。数据显示，'母亲水窖'项目实施后，妇女们从繁重的取水劳动中解脱出来，集雨水窖使受益户平均取水时间从 45.5 分钟降低到了 11.3 分钟，集中供水工程平均取水时间则从 13 分钟降低到 0.27 分钟；项

---

[1] 中国妇女发展基金会：《母亲水窖公益——发展中创新，创新中发展》，载国务院扶贫办编《中国社会扶贫创新行动优秀案例集 2012》，中共中央党校出版社，2013，第 247 页。
[2] 《中华人民共和国执行〈北京宣言和行动纲领〉（1995 年）及第 23 届联大特别会议成果文件（2000 年）情况报告》，http：//www2.unwomen.org/~/media/headquarters/attachments/sections/csw/59/national_reviews/china_review_beijing20.ashx？v=1&d=20140917T100719。

目地区群众的健康状况得以改善,尤其是妇科发病率,部分地区从项目实施前的90%降低到20%。而在帮助项目地区群众平等获得水资源过程中,'母亲水窖'也助力了贫困地区经济社会的协调发展"。①

因此,"大地之爱·母亲水窖"工程项目既是一个扶贫项目,也是一个性别平等项目,更是一个可持续发展项目。它是中国在落实《千年发展目标》积累的成功经验的具体体现。不仅如此,"今后五年,'母亲水窖'项目将继续以'水'为核心,以安全饮水、卫生环境建设、水源地保护为主要框架,通过宣传倡导,提高公众的水资源保护意识和能力,并通过开展国际合作,让'母亲水窖'走出国门,走进非洲等欠发达国家"。②

二 "女大学生创业导师"活动与"巾帼建功"活动

"女大学生创业导师"活动是推动中国妇女发展、实现性别平等的有效手段。

2008年国际金融危机发爆发后,中国女大学生就业难已经成为社会关注的热点问题。为了积极应对金融危机,稳定就业局势,减少危机给大学生就业带来的负面影响,人力资源和社会保障部、教育部、全国总工会、共青团中央、全国妇联和中国残联联合发

---

① 《"母亲水窖"项目实施15年290万人受助》,2015年12月30日第A2版《中国妇女报》,http://paper.cnwomen.com.cn/content/2015-12/30/023569.html。
② 《"母亲水窖"项目实施15年290万人受助》,2015年12月30日第A2版《中国妇女报》,http://paper.cnwomen.com.cn/content/2015-12/30/023569.html。

布了《关于开展 2009 年就业服务系列活动的通知》，决定于 2009 年在全国组织开展"高校毕业生就业服务系列活动""就业援助系列活动""春风行动系列活动"等公共就业服务专项活动，动员社会各方面力量，为高校毕业生、城镇就业转失业人员和农民工等群体提供及时有效的就业服务，促进各类群体实现就业再就业。其中包括"高校毕业生就业服务系列活动"等六项"女大学生创业导师"活动：选择一批有实力、有经验的女企业家，与女大学生结对帮扶，提供就业培训、创业指导和实践场所，帮助一批高校女毕业生提前了解就业环境，转变择业观念，提高创业和就业技能，提升创业、就业的成功率。①

2009 年 3 月 8 日，全国妇联妇女发展部、教育部高校学生司、人力资源和社会保障部就业促进司、中国女企业家协会联合发布《关于开展全国女大学生创业导师行动的通知》，强调女大学生就业面临较多困难，为进一步促进女大学生创业就业，开展此项活动，"按照实施扩大就业发展战略的要求，进一步整合各方资源，推动企校牵手，发挥女企业家群体优势，促进以创业带动就业，引导女大学生树立创业精神、增强创业意识、参与创业实践、提高创业能力，推动社会更加关注女大学生就业问题，为她们步入社会、实现创业就业提供帮助和指导"。②

---

① 《人力资源和社会保障部 教育部 全国总工会 共青团中央 全国妇联 中国残联关于开展 2009 年就业服务系列活动的通知》（人社部发〔2008〕116 号），发布日期：2008 年 12 月 22 日，http：//www.mohrss.gov.cn/jycjs/JYCJSzhengce-wenjian/200812/t20081222_86519.html。

② 《关于开展全国女大学生创业导师行动的通知》，http：//www.ncss.org.cn/zx/zcfg/qg/10002864.shtml。

2011年9月29日,由全国妇联、教育部、人力资源和社会保障部、中国女企业家协会共同主办的"女大学生创业扶持行动暨女大学生创业季"在中华女子学院正式启动。女大学生创业季活动以"创业女生、励志圆梦"为主题,12所高校负责人及女大学生代表500多人参加启动仪式。相关企业在现场组织了招聘会,创业政策咨询区吸引众多女大学生咨询。全国妇联党组书记、副主席、书记处第一书记宋秀岩致辞指出:女大学生是国家宝贵的人才资源,是我国现代化建设的重要生力军。党中央、国务院高度重视大学生就业,出台了一系列重大政策措施,为解决包括女大学生在内的广大高校毕业生充分就业提供了有力保障。全国妇联与教育部、人力资源和社会保障部及中国女企业家协会开展的女大学生创业导师行动,集聚12000名创业导师,为13万名女大学生提供创业培训和实践指导。2016年,根据国务院高校毕业生就业工作的总体部署,四部门再次联手,启动女大学生创业扶持行动。她希望广大女大学生抓住机遇,挑战自我,艰苦创业,敢于拼搏,在创业路上勇敢地扬帆起航,立志成才。[①]

《情况报告》中对"女大学生创业导师行动""女大学生创业扶持行动"的成效进行了总结:2009年以来,累计创建女大学生实践基地8100个,组建了1.2万人的创业导师队伍,为30万名女大学生提供免费创业就业培训,帮助13万名女大学生实现了创业就业。截至2012年底,共为女大学生提供各种创业贷款和扶持资金达12.5亿元,帮助4.6万名女大学生实现创业梦想。2011年和2013年,国务院先后印发

[①] 《女大学生创业扶持行动暨女大学生创业季启动》,2011年9月30日,http://www.mohrss.gov.cn/jycjs/JYCJSgongzuodongtai/201109/t20110930_81902.html。

了《国务院关于进一步做好普通高等学校毕业生就业工作的通知》《国务院办公厅关于做好2013年全国普通高等学校毕业生就业工作的通知》，提出要"及时纠正性别歧视和其他各类就业歧视"。①

与"女大学生创业导师行动"相比，"巾帼建功"活动的历史更长，辐射面更广，"女大学生创业导师行动"等各种活动都可包括在内。

"巾帼建功"活动始于1991年由全国妇联、科技部、劳动部、卫生部、国家教委等十余家部委共同发起的在城镇广大女干部、女知识分子和企业女职工中开展的"发扬四有四自精神，为八五计划建功立业"竞赛活动，简称"巾帼建功"，是一项旨在激励各界妇女立足本职，积极进取，在国家经济建设和社会发展中建功立业的群众精神文明创建活动。② 中华全国妇女联合会全国妇女"巾帼建功"活动领导小组是该活动的领导机构。

孟晓驷将"巾帼建功"活动的发展历程分为三个阶段：第一阶段从1991到1996年，是"发出号召，起步探索"阶段；第二阶段从1997年到2002年，是"拓宽领域，创新发展"阶段，在这一阶段，"巾帼建功"活动的规模和领域不断扩大，促进了以"巾帼文明岗"为重点的"巾帼建功"活动的创新发展，着力激励在岗女职工岗位建功成才，推动下岗女工再就业，充分调动广大城镇妇女的积极性、主

---

① 《中华人民共和国执行〈北京宣言和行动纲领〉(1995年) 及第23届联大特别会议成果文件 (2000年) 情况报告》, http://www2.unwomen.org/~/media/headquarters/attachments/sections/csw/59/national_reviews/china_review_beijing20.ashx?v=1&d=20140917T100719。

② 《什么是"巾帼建功"竞赛活动》, http://www.wsic.ac.cn/baike/70955.htm；孟晓驷：《做好新时期妇女群众工作 推动"巾帼建功"活动创新发展》，《中国妇运》2011年第5期，第14页。

动性,以创业、创造、创新的精神,为改革开放和社会主义现代化建设做出了积极贡献;第三阶段从2003到2010年,这一阶段的"巾帼建功"活动,充满了新的生机和活力,内容不断充实,领域不断拓展、机制不断优化,在促进岗位上妇女立业、岗位下妇女就业、推动全民创业中做出了积极贡献,活动的凝聚力和社会影响力不断增强,促进了妇女与经济社会的同步发展。① 其后,中国妇女"巾帼建功"与落实《千年发展目标》的实践相一致。该活动为中国很好地完成消除贫困、促进性别平等和赋予妇女权利做出积极贡献。

2013年11月28~31日,中国妇女第十一次全国代表大会在北京召开。宋秀岩在题为《高举旗帜 凝心聚力 团结动员各族各界妇女为实现中国梦而奋斗——在中国妇女第十一次全国代表大会上的报告》的工作报告中多次提到"巾帼建功行动",包括巾帼文明岗、巾帼建功标兵、巾帼现代农业科技示范基地、巾帼志愿服务等,并在此基础上,提出了"四大行动",即"巾帼建功行动"、"巾帼维权行动"、"巾帼关爱行动"和"巾帼成才行动"。

《情况报告》也涉及了相关内容,"2009年以来,全国妇联培训贫困地区妇女致富带头人1.5万人、基层妇联干部3000多人,扶持创建了212个全国巾帼现代农业科技示范基地,西部不发达地区基层妇联组织培训妇女2400多万人"。②

---

① 孟晓驷:《做好新时期妇女群众工作 推动"巾帼建功"活动创新发展》,《中国妇运》2011年第5期,第14~15页。
② 《中华人民共和国执行〈北京宣言和行动纲领〉(1995年)及第23届联大特别会议成果文件(2000年)情况报告》,http://www2.unwomen.org/~/media/headquarters/attachments/sections/csw/59/national_reviews/china_review_beijing20.ashx?v=1&d=20140917T100719。

三 《反家庭暴力法》与"政策法规性别平等咨询评估机制"

反对针对妇女的暴力是北京《行动纲领》的重大关切领域之一，也是 2030 发展目标的重要指标。全国妇联和中国各界为通过一部反家庭暴力法进行了持续的努力。

2013 年 9 月，第十二届全国人大常委会将"制定反家庭暴力法"纳入五年立法规划。2014 年 2 月《反家庭暴力法（草案）》送审稿提交国务院有关部门，正式启动立法程序。与此同时，政府部门和非政府组织合作，反对对妇女的暴力：建立多部门合作机制，形成反对对妇女暴力的工作网络；各地司法部门与妇联组织合作，成立"家庭暴力伤情鉴定中心""110 家庭暴力报警中心""家庭暴力投诉站"，并依托民政救助管理站建立遭受家暴妇女庇护所等，为受害妇女提供庇护服务；2013 年，全国妇联相继建立国家级和地方级家庭暴力危机干预中心试点，进行家庭暴力高危家庭筛查，通过尝试分级干预，为家庭暴力受害者提供综合服务。[①]

2015 年 12 月 27 日，中华人民共和国主席习近平颁布第三十七号中华人民共和国主席令："《中华人民共和国反家庭暴力法》已由中华人民共和国第十二届全国人民代表大会常务委员会第十八次会议于 2015 年 12 月 27 日通过，现予公布，自 2016 年 3 月 1 日起施行。"[②]

[①] 《中华人民共和国执行〈北京宣言和行动纲领〉（1995 年）及第 23 届联大特别会议成果文件（2000 年）情况报告》，http：//www2. unwomen. org/ ~ /media/ headquarters/attachments/sections/csw/59/national _ reviews/china _ review _ beijing20. ashx? v = 1&d = 20140917T100719。

[②] 《中华人民共和国反家庭暴力法（主席令第三十七号）》，2015 年 12 月 27 日，http：//www. gov. cn/zhengce/2015 - 12/28/content_ 5029898. htm。

《反家庭暴力法》的颁布是中国促进性别平等进程中的一个具有标志性意义的胜利。李明舜指出"家庭暴力问题，既是中国存在的问题也是一个世界性问题。中国通过专门立法解决这个世界性难题，一方面通过借鉴和学习国际有关反家庭暴力的工作经验和成功立法，展现了中国开放包容的国际视野和胸怀；另一方面在立法中总结了预防和制止家庭暴力工作的中国经验，构建了防治家庭暴力的中国模式，体现了反家庭暴力立法的中国特色，从而丰富和引领了国际社会反家庭暴力的理念和方法，成为一部能够为中国带来重要国际影响、大幅提升中国国际形象的法律。"[1] 全国妇联主席沈跃跃指出："制定实施反家庭暴力法是尊重人权、保障妇女儿童合法权益的重要举措。妇女权益是基本人权。家庭暴力严重危害家庭成员的身心健康和生命安全，受害者主要是妇女、儿童和老人。制定反家庭暴力法，为维护广大妇女儿童在家庭中的合法权益提供了法律保障，彰显了我国人权保护事业的重大进步。"[2]

出台地方性别平等法规和政策、建立性别平等评估机制是中国在"提高妇女地位的机制"建设中取得的重要成就。

2012年6月，《深圳经济特区性别平等促进条例》（以下简称《条例》）出台，对性别平等机构、性别预算和性别影响评估、分性别统计、媒体责任等做出规定。目前，深圳市正在积极开展《条例》的宣传工作以及推动《条例》实施的机构建设。2014年，

---

[1] 李明舜：《反家庭暴力法是一部具有多重意义和作用的良法》，《妇女研究论丛》2016年第1期，第5页。

[2] 沈跃跃：《在全国妇联学习宣传反家庭暴力法座谈会上的讲话（2016年1月6日）》，《中国妇女》2016年第2期，第21页。

甘肃省在《甘肃省贯彻落实男女平等基本国策实施意见》中提出在立法部门成立性别平等专家团，建立政策法规性别平等评估机制，确保全省各类地方性法规、规章、单行条例以及规范性文件和公共政策全面体现性别平等原则。①

2009年以来，越来越多的省、市针对推动性别平等和妇女发展的重点难点问题进行了积极探索和创新，建立了政策法规性别平等咨询评估机制，将性别平等原则纳入立法和法律实践。例如，2012年，"江苏省政策法规性别平等咨询评估委员会"成立，首开中国法规政策性别评估机制先河。该机制通过推进保障妇女合法权益的立法、执法、司法等领域的理论研究和实务研讨，特别是从审查评估政策法规制定和执行中的合法性、合理性、科学性、实效性等层面，加强对妇女生存发展切身利益和重大问题的关注和研究，推进社会性别平等理念纳入决策主流，纳入法律和公共政策体系，切实保障妇女的合法权益。2014年1月，浙江省启动浙江省政策法规性别平等咨询评估机制。② 2014年6月，北京市成立了政策法规性别平等评估委员会，标志着北京市政策法规性别评估工作迈出了实质性的一步。其后，北京市又出台了《北京政策法规性别平等评估操作指南》。③

---

① 《中华人民共和国执行〈北京宣言和行动纲领〉（1995年）及第23届联大特别会议成果文件（2000年）情况报告》，http://www2.unwomen.org/~/media/headquarters/attachments/sections/csw/59/national_reviews/china_review_beijing20.ashx?v=1&d=20140917T100719。

② 《中华人民共和国执行〈北京宣言和行动纲领〉（1995年）及第23届联大特别会议成果文件（2000年）情况报告》，http://www2.unwomen.org/~/media/headquarters/attachments/sections/csw/59/national_reviews/china_review_beijing20.ashx?v=1&d=20140917T100719。

③ 《〈北京政策法规性别平等评估操作指南〉专题培训会召开》，http://zhengwu.beijing.gov.cn/gzdt/bmdt/t1413479.htm。

为提高各级妇联干部开展性别评估工作的能力，提升评估机制的有效性，促进性别平等法律政策的完善与落实，全国妇联于2015年12月28日举办了性别评估机制能力建设研训班。在研训班上，北京市、上海市、江苏省、浙江省、湖北省、四川省先后就各自省市性别评估机制建设的探索历程、实施办法、建立过程以及所取得的工作成效做了经验分享。各省区市参训代表们纷纷就如何在工作中加强性别评估能力，促进性别平等法律政策的完善与落实进行了认真思考和充分的讨论研究。[①]

小　结

男女平等是我国的基本国策，实现男女平等、促进妇女发展一直是中国政府和人民努力奋斗的目标。2000年联合国《联合国千年宣言》和《千年发展目标》提出后，中国政府在国际舞台上做出了庄严承诺。

15年来，中国政府在切实落实《千年发展目标》、促进性别平等、赋予妇女权力方面取得了巨大成就，积累了丰富的经验和大量成功案例。反家庭暴力法的颁布和出台地方性别平等法规和政策、建立性别平等评估机制，都为促进性别平等、赋予妇女权力提供了有力的工具。所有这些都为中国落实《2030发展议程》奠定了坚实基础，提供了有力保障，也增强了实现全球可持续发展目标的信心。

---

① 吴军华、上官晓珍：《全国妇联性别评估机制能力建设研训班在厦门举办》，http://paper.cnwomen.com.cn/content/2015-12/30/023571.html。

第五章　中国落实《2030发展议程》性别平等目标的行动与挑战

从过去15年的经验可以看到，中国实施联合国《千年发展目标》的努力，是新中国成立以来，特别是改革开放来以来中国推动社会发展进程的一个组成部分，是自觉努力与兑现承诺相结合的过程。国际发展理念的变化与新观念的扩展影响着中国对发展的理解，也必然影响着国内的发展工作；而中国快速、和平的发展，在改变自己的同时，也改变着世界对中国的看法并开始越来越多地影响世界。习近平主席2015年9月26日在联合国发展峰会上的讲话和9月27日在全球妇女峰会上的讲话，充分体现中国与世界的互动形式和内容都在发生着变化。

如何变承诺为现实、化辞藻为行动，切实落实2030年可持续发展目标中突现性别平等，增强所有妇女和女童的权能的目标，如何在与国际社会互动的过程中，在国内实现可持续发展目标的同时，为全球性别平等与赋权妇女做出贡献，这仍是中国在未来15年面临的艰巨任务。

第一节　中国实施《2030发展议程》性别平等目标的立场与行动

中国政府一贯重视性别平等和妇女赋权事业，并积极帮助发展中国家促进妇女发展。习近平主席在全球妇女峰会上宣布了一系列支持全球妇女发展的举措。"目前，中国政府正在抓紧积极落实。我们愿与妇女署及执行局成员国一道，继续为全球妇女事业做出积极贡献。"[①] 中国政府对于落实《2030发展议程》的立场是：主动参与、积极落实。

一 落实《2030发展议程》的中方立场

2016年4月19日，中国发布《落实2030年可持续发展议程中方立场文件》（以下简称《立场文件》）。该文件亦作为第70届联合国大会文件向各会员国散发。

该文件提出六项总体原则：和平发展原则、合作共赢原则、全面协调原则、包容开放原则、自主自愿原则、"共同但有区别的责任"原则；确定了9项重点领域和优先方向：消除贫困和饥饿、保持经济增长、推动工业化进程、完善社会保障和服务、维护公平正义、加强环境保护、积极应对气候变化、有效利用能源资源、改进国家治理。文件还提出了5项落实途径：增强各国发展能力、改善国际发展环境、优化发展伙伴关系、健全发展协调机制、完善后续评估体系。

在维护公平正义部分，文件提道，"把增进民众福祉、促进人的全面发展作为发展的出发点和落脚点。坚持以人为本，消除机会不平等、分配不平等和体制不平等，让发展成果更多、更公平地惠及全体人民。促进性别平等，推动妇女全面发展，切实加强

[①] 《中国代表团初光在联合国妇女署执行局2016年第一次常会上的发言》，2016年2月10日，http://www.china-un.org/chn/hyyfy/t1339712.htm。

妇女、未成年人、残疾人等社会群体权益保护"。

文件强调，中国高度重视《2030发展议程》，各项落实工作已经全面展开。2016年3月，第十二届全国人民代表大会第四次会议审议通过了"十三五"规划纲要，实现了《2030发展议程》与国家中长期发展规划的有机结合。中国将加强2030年可持续发展议程的普及和宣传，积极动员全社会力量参与落实工作，提升国内民众的认知，营造有利的社会环境。中国将以促进和服务可持续发展为标准，加强跨领域政策协调，调整完善相关法律法规，为落实工作提供政策和法治保障。中国已经建立了落实工作国内协调机制，43个政府部门将各司其职，保障各项工作顺利推进。今后5年，中国将帮助现有标准下5575万农村贫困人口全部脱贫，这是中国落实《2030发展议程》的重要一步，也是中国下定决心必须争取实现的早期收获。

《立场文件》介绍了2016年中国落实可持续发展日程的具体日程，包括：第一，中国将制定落实2030年可持续发展议程的国别方案，并适时对外发布；第二，中国将参加2016年4月举行的实现可持续发展目标联大高级别主题辩论会；第三，中国还将参加2016年7月联合国可持续发展高级别政治论坛的国别自愿陈述，介绍落实进展情况，交流发展经验，听取各方建设性意见和建议。

关于积极参与全球发展合作，文件指出：中国向120多个发展中国家落实《千年发展目标》提供了支持和帮助，为推动全球发展发挥了重要作用。未来，中国将不断深化南南合作，帮助其他发展中国家做好2030年可持续发展议程的落实工作。中国将认真落实习近平主席出席联合国成立70周年系列峰会期间宣布的各项务实举措，从资金、技术、能力建设等多个方面为发展中国家提供自愿支持，为全球发展事业提供更多有益的公共产品。①

二 落实《2030发展议程》的中国行动

2016年7月20日，外交部副部长李保东在落实《2030发展议程》国别自愿陈述会议上的发言中，分六点详细介绍了中国落实发展议程的工作进展和下一步规划。②

第一是"重视顶层设计"。李保东指出，2015年10月，中国共产党第十八届五中全会发表公报，强调"要主动参与2030年可持续发展议程"；2016年3月，中国政府发布"十三五"规划纲要，承诺"积极落实2030年可持续发展议程"。这两份纲领性文件为中国开展可持续发展议程落实工作确定了"主动参与""积极落实"的基调。

第二是强化战略对接，强调中方立足本国国情，着力把落实《2030发展议程》与推进国内改革发展事业相结合，与执行"十三五"规划纲要等国家中长期发展战略相衔接，将可持续发展目标转化为经济、社会、环境等领域的具体任务。未来5年里，中国将对"十三五"规划纲要及各专门领域的工作规划进展进行年度评估，可持续发展议程落实评估工作也将同步进行。

第三是完善机制保障，向全世界表明，中方已经成立由外交

---

① 中国发布《落实2030年可持续发展议程中方立场文件》，http：//www.fmprc.gov.cn/web/wjb_673085/zzjg_673183/gjjjs_674249/xgxw_674251/t1356278.shtml。
② 《外交部副部长李保东在落实2030年可持续发展议程国别自愿陈述上的发言》（2016年7月20日），http：//www.fmprc.gov.cn/web/ziliao_674904/zyjh_674906/t1383361.shtml。

部等数十个部门组成的协调工作机制，负责制定落实方案，审议落实进展，加强政策协调和信息沟通；将执行17项可持续发展目标和169项具体目标的任务进行分解，分配到具体部门，推动各部门成立内部工作机制并制定详细的落实方案，形成全社会共同推进可持续发展的强大合力。

第四是打造"早期收获"，着重指出，未来5年是落实可持续发展议程的关键时期。李保东向全世界宣布，中国政府已经结合本国实际，确定了未来5年需要实现的一系列发展目标，其中包括：一是到2020年帮助5500多万农村贫困人口全部脱贫；二是国内生产总值和城乡居民人均收入比2010年翻一番；三是新增城镇就业超过5000万人；四是城镇棚户区住房改造2000万套；五是单位GDP能源消耗降低15%，单位GDP二氧化碳排放降低18%等。中国政府希望，以"早期收获"为基础，为最终实现可持续发展目标探索有效途径，积累有益经验。

第五、第六点分别是深化国际交流、推进南南合作，特别指出：中国将在年内发布《中国落实2030年可持续发展议程国别方案》，与各国分享中国经验。①

2016年7月19日，外交部副部长李保东在联合国可持续发展高级别政治论坛部长级会议一般性辩论上的讲话，就如何推动全球发展事业和落实《2030发展议程》，"把目标转化为成果，把纲领转化为行动"与各国代表进行了交流。

李保东指出，中方认为各方应携手做好以下工作：第一，牢

---

① 《外交部副部长李保东在落实2030年可持续发展议程国别自愿陈述上的发言》（2016年7月20日），http://www.fmprc.gov.cn/web/ziliao_674904/zyjh_674906/t1383361.shtml。

固树立命运共同体意识，为落实可持续发展议程营造良好国际环境；第二，全面贯彻以人为本原则，推动人人参与可持续发展；第三，统筹规划落实工作，协调推进经济、社会、环境发展；第四，深化全球发展伙伴关系，助力各国落实进程；第五，支持联合国发挥中心作用，完善全球发展合作架构。①

李保东还介绍了中方如何利用2016年二十国集团会议东道国的身份，积极推动二十国集团首次将发展问题置于全球宏观政策框架的突出位置的工作：

> 一是通过制定G20落实可持续发展议程行动计划，加强G20内各工作机制之间的政策协调与合作，将发展的视角融入G20内创新、贸易、能源、反腐败等各议题讨论，充分发挥G20比较优势和附加价值，为联合国主渠道工作贡献力量；
>
> 二是着眼非洲和最不发达国家，推动制定《G20支持非洲和最不发达国家工业化倡议》，为这些国家工业化提供政治支持和政策建议，助力其落实可持续发展议程；
>
> 三是主持G20内有关就业、农业、包容性商业等议题的讨论，推动达成《G20创业行动计划》、建立G20全球包容性商业平台，致力于世界经济强劲、可持续、平衡、包容增长；
>
> 四是秉持开放、包容、透明的办会风格，同联合国、77国集团、非盟等开展一系列外围对话活动，同时，借助亚太经社理事会、博鳌亚洲论坛、世界经济论坛、亚太经合组织

---

① 《外交部副部长李保东在联合国可持续发展高级别政治论坛部长级会议一般性辩论上的讲话》（2016年7月19日），http://www.fmprc.gov.cn/web/ziliao_674904/zyjh_674906/t1383362.shtml。

等平台，听取各方意见和建议，努力使 G20 的讨论更具代表性。

李保东在两个发言中所涉及的内容，字面上虽然并没有直接提及妇女、男女平等或性别平等的内容，但每一个方面都与性别平等、赋予妇女权力息息相关。

第二节　中国落实《2030 发展议程》性别平等目标的巨大挑战

"中国执行《千年发展目标》取得了令世人瞩目的成就，但也如同全球发展趋势一样，贫困人口大大减少了，而贫富差距却扩大了。"①2016 年 7 月，联合国刚刚公布了"可持续发展指数（The SDG Index）"，100 分为最好，0 分为最差，中国的分数为 59.1，排在第 76 位，与牙买加、特立尼达和多巴哥并列，排在列表前三位的是北欧三国瑞典、丹麦、挪威。② 从全球排名来看，中国这个成绩并不算好。要到 2030 年实现可持续发展目标，中国还面临很多障碍和挑战，在促进性别发展与赋予妇女权力方面同样如此。

由于《2030 发展议程》刚刚通过并开始执行，其检测指标还没有最终确定，国内很难找到完整、系统、专门和有针对性的统计数据和分析依据，因此这一部分主要根据《中国实施千年发展

---

① 刘伯红：《将性别平等纳入"后 2015"发展目标》，《中国妇女报》2014 年 1 月 21 日，第 B01 版。
② "Table 1. The SDG Index", in *SDG Index & Dashboards: A Global Report*, July 2016, http://sdgindex.org/assets/files/sdg_index_and_dashboards_compact.pdf.

目标报告（2000～2015年）》和《中华人民共和国执行〈北京宣言和行动纲领〉（1995年）及第23届联大特别会议成果文件（2000年）情况报告》，第三期中国妇女地位调查结果，以及国内学者的学术研究成果，寻找相似的目标领域进行综合总结。

一 落实《2030发展议程》目标5面临的挑战

《2030发展议程》目标5包括9个具体目标，《在可持续发展目标各项指标机构间专家组的报告》初步拟订监测指标有14项[①]（见表2.3）。根据这14个指标逐项进行分析，在发现第四章已经提及的、我国在过去15年所取得的成绩的同时，也必须面对一系列的困难与挑战。

目标5.1：在全球消除对妇女和女童一切形式的歧视，其衡量指标是5.1.1是否已制定法律框架来促进、推行和监督实现平等和无性别歧视。

落实这一目标面临的障碍和挑战，如《情况报告》所指出的：各级妇儿工委基本职能是协调议事，其权威性和工作力度还有待进一步加强；各级妇儿工委的机构建设不够完善，部门间的工作协调力度需要进一步加强；国家统计制度和统计体系尚不能满足性别统计的现实需要，教育、社会保障、环境等领域的分性别指标有待进一步开发。

有专家指出："中国近年来已经制定出台了《妇女权益保障

[①] 联合国：《附件三 拟议可持续发展目标指标清单（截至2015年12月17日）》，载《可持续发展目标各项指标机构间专家组的报告》，第17～18页，http://unstats.un.org/unsd/statcom/47th-session/documents/2016-2-IAEG-SDGs-Rev1-c.pdf。

法》《反对家庭暴力法》《女职工劳动保护特别规定》等一系列政策法规，逐步建立起一个完善的法律体系，以确保妇女能够获得法律上的平等。然而，按照《消除对妇女一切形式歧视公约》规定的原则，真正达到平等应该是一种实质的平等，就是结果和事实上的平等。这样来看，中国还有很多地方需要努力。""政府在促进性别平等和妇女发展方面必须承担首要责任，确保相关法律、政策得到落实执行。例如，中国在《就业促进法》以及《妇女权益保障法》中明确规定公平就业，禁止性别歧视，但女性在招工、招聘中依然面临种种障碍，由此可见'形式平等不等于事实平等'，需要决策部门加大力度保证相关规定贯彻到实际。"[①]

目标 5.2 是消除公共和私营部门针对妇女和女童一切形式的暴力行为，包括贩卖、性剥削及其他形式的剥削，其衡量指标有 2 个：5.2.1 有过伴侣的妇女和 15 岁及以上女童在过去 12 个月中遭到过现任或前伴侣殴打、性暴力或心理暴力的比例，按暴力形式和年龄分列，以及 5.2.2 妇女和 15 岁及以上女童在过去 12 个月中遭到过亲密伴侣之外其他人的性暴力的比例，按年龄组和发生地分列。

应该说，在针对妇女的暴力、打击拐卖犯罪等方面，中国已经取得显著成绩，《反家庭暴力法》已开始实施。但《反家庭暴力法》有明显的局限性。例如，该法第二条将"家庭暴力"定义为"以殴打、捆绑、残害、限制人身自由以及经常性谩骂、恐吓等方式实施的身体、精神等侵害行为"。该定义只涵盖了家庭暴力行为

[①] 《没有妇女发展、两性平等，可持续发展议程便不可能实现——专访中国女性问题专家蔡一平》，2016 年 3 月 18 日，http://www.unmultimedia.org/radio/chinese/archives/254544/。

中很小的一部分行为，不仅没有涉及基于性关系对家庭成员实施的暴力、基于经济状况对家庭成员实施的暴力，也没有涉及基于情绪、心理状态对家庭成员实施的暴力以及所谓"冷暴力"等其他形形色色的家庭暴力行为，更未能涵盖曾经因婚姻关系联系在一起的前家庭成员、没有法定婚姻关系的亲密伴侣等其他可能发生暴力的人群。"法律只选取了最表面、最肤浅的定义，使得本法的保护范围和保护力度大大下降。"[1] 在配套措施与执行方面，对受害者的保护救助不足。受中国文化中"清官难断家务事"、"娶来的媳妇买来的马，任我骑来任我打"以及"棍棒之下出孝子"等传统思想的影响，加之对家庭暴力和其他暴力行为的统计数字不足，真正消除对妇女和女童的一切暴力行为，仍然任重而道远。

关于对女童的性犯罪，2015年8月24日，第十二届全国人大常委会第十六次会议三审通过刑法修正案决定，废除了自1997年成为一个单独罪名的"嫖宿幼女罪"，自2015年11月1日起施行。这是保护女童的一大进展。但是，保护女童权益的任务仍非常繁重。在打击贩卖、性剥削和其他形式的剥削方面，"还需不断探索有效的工作机制和措施，以减少拐卖人口的买方市场需求，提高高危人群预防拐卖犯罪的能力，开展性骚扰防治等"。[2]

---

[1] 汤敏：《浅谈我国〈反家庭暴力法〉的不足之处》，《法制博览》2016年2月（下），第195~196页。

[2] 《中华人民共和国执行〈北京宣言和行动纲领〉（1995年）及第23届联大特别会议成果文件（2000年）情况报告》，http://www2.unwomen.org/~/media/headquarters/attachments/sections/csw/59/national_reviews/china_review_beijing20.ashx?v=1&d=20140917T100719。

目标5.3是消除童婚、早婚、逼婚及割礼等一切伤害行为，其监测指标有2个：5.3.1 20～24岁妇女中在15岁以前和18岁之前结婚或同居的妇女所占比例，以及5.3.2 15～49岁女童和妇女中生殖器被残割/切割过的人所占比例，按年龄分列。

新中国成立后由于国家政策干预，早婚现象曾得到有效遏制，但20世纪80年代却死灰复燃，甚至愈演愈烈，引起学者和管理部门的高度关注。近些年在各地农村调查中发现，早婚依然普遍存在并且有加重趋势，有数据表明早婚比例已达20%～50%，个别地区甚至高达80%。对这种情况的出现有多种解释，例如：小农经济对更多劳动力的要求，男女比例失调造成女性抢手，传统观念中延续香火的考虑，对早婚管理不严也是一种解释，"养老倒逼"是另一种解释。① 这一目标中的第二个指标主要适用于监测非洲中东等地区的情况。

目标5.4认可和尊重无偿护理和家务，各国可视本国情况提供公共服务、基础设施和社会保护政策，在家庭内部提倡责任共担，其检监测指标为：5.4.1用于无薪酬家务和护理工作的时间所占比例，按性别、年龄和地点分列。

近年来，国内外关于无偿护理和家务问题的实证调查、统计和学理性研究都逐渐增多。董晓媛在文中总结道：中国从计划经济向市场经济的转变也对照料经济和劳动力市场性别平等提出了新的挑战。在宏观发展战略上，片面追求经济效率和增长速度不仅导致对环境保护的忽视，也削弱了社会对照料经济的支持……

---

① 王德福：《养老倒逼婚姻：理解当前农村早婚现象的一个视角》，《南方人口》2012年第2期。

从 1998 年到 2013 年，中国公办幼儿园的比例从 83% 下降至 33%。在城市，带薪休产假的妈妈比例从 20 世纪 80 年代初的 60% 到 21 世纪头 10 年后期下降至 32%。奶奶和姥姥照料孙子女对中青年女性劳动力的市场参与变得越来越重要了。① 无偿护理和家务问题是全球性问题，中国在实现性别平等进程中需要认真应对。

目标 5.5 确保妇女全面有效参与各级政治、经济和公共生活的决策，并享有进入以上各级决策领导层的平等机会，监测指标为：5.5.1 妇女在国家议会和地方政府席位中所占比例，和 5.5.2 妇女在管理岗位任职的比例。其面临的挑战主要体现在以下方面。

女性在各级决策和管理层的代表性仍然较低。全国人大女代表比例有了一定提高，但与联合国 1990 年提出的到 1995 年妇女在议会中至少占 30% 的目标②还存在较大差距。根据各国议会联盟截至 2016 年 6 月 1 日的统计数据，中国妇女在议会中比例的国际排名为第 71 位。③ 在政府部门、私营部门和社会组织中女性担任高层和中层管理者的比例偏低。中国仍需努力消除阻碍女性发展的制约性因素，打破传统习俗中的陈规定型观念和性别偏见，加强妇女赋权。

目标 5.6：根据《国际人口与发展会议行动纲领》、北京《行动纲领》及其历次审查会议的成果文件，确保普遍享有性和生殖健康以及生殖权利，监测指标为 5.6.1 15～49 岁妇女就性关系、使用避孕药具

---

① ［加］董晓媛：《照料经济、性别平等与包容性增长——中国落实 2015 后可持续发展目标的思考》，《妇女研究论丛》2015 年第 6 期，第 9 页。
② 《联合国纪事》（季刊），中文版，第 7 卷，第 2 期（总 26 期），1990 年 8 月，第 68 页。
③ "Women in National Parliaments," Situation as of 1st June 2016, http：//www.ipu.org/wmn‐e/classif.htm.

和生殖保健问题自己做出知情决定的比例,以及 5.6.2 已制定法律规章确保 15~49 岁妇女享有性与生殖保健、信息和教育机会的国家数目。

根据《情况报告》提供的材料,中国城乡、区域和不同群体的妇女健康水平不均衡。例如,农村孕产妇死亡率高于城市,流动人口孕产妇死亡率高于常住人口。农村妇幼卫生资源配置不足,妇幼保健经费短缺。稳定的妇幼卫生投入和补偿机制尚未建立,农村人均卫生费不到城市的 1/4。基层医疗保健机构的服务技能和管理水平有待提高。基层产科基本技能、转诊能力不足,资源配置不合理,贫困地区、边远山区和少数民族地区的妇幼卫生可及性差、利用不足问题突出。妇女各生命周期的健康需求未能充分满足。生殖健康服务重点关注的是育龄妇女,青春期和更年期女性的卫生保健服务需求未能得到充分满足。妇女精神健康问题成为新关切。

在结束"独生子女"政策、开始执行"二胎"政策后,中国妇女和女童将面临怎样的问题?许多学者认为,如果社会缺乏家庭友好环境,特别是就业政策不利于妇女承担育儿和护老的负担,使妇女难以实现家庭和工作的平衡,必然使职业妇女陷于两难之中,更不用提挖掘潜力了。虽然平衡工作与家庭是男女家庭成员都要面对的挑战,但妇女承载着更大压力。妇女在平衡工作与家庭方面的困难与问题不仅应当得到全社会的理解,需要得到政府的关注和相应的政策支持,而且需要有效地改变男女在家庭中的角色分工,提倡男女共同承担家庭责任。①

目标 5.a:根据各国法律进行改革,给予妇女平等获取经济资源

---

① 郑真真:《从家庭和妇女的视角思考生育和计划生育政策调整》,《中国妇运》2015 年第 10 期,第 30 页。

的权利,以及享有对土地和其他形式财产的所有权和控制权,获取金融服务、遗产和自然资源,包括2个监测指标:5.a.1(a)农业总人口中对农业用地拥有所有权或有保障权利的人口比例,按性别分列;(b)农业用地所有人或权利人中妇女所占比例,按土地保有类型分列,以及5.a.2包括习惯法在内的国家法律框架保障妇女有权平等享有土地所有权和(或)控制权的国家所占比例。这方面的问题与挑战主要体现在:随着中国经济改革的深入和市场经济体制在推行中一些深层矛盾的出现,以及经济全球化对中国经济运行机制和劳动管理模式的影响,近年来,中国妇女在经济资源分享和经济收益分配方面出现了一些新问题,就业中的性别歧视依然存在,女性就业层次偏低,侵害妇女劳动权益的现象时有发生,男女两性收入差距仍在拉大等。[①]

对于目标5.b加强技术特别是信息和通信技术的应用,以增强妇女权能,以及目标5.c采用和加强合理的政策和有执行力的立法,促进性别平等,增强妇女和女童权能,还需要进一步的社会性别统计支持,并将社会性别纳入相关议题的主流。

二 应对其他目标中的性别平等议题面临的挑战

除了目标5外,性别平等议题也贯穿于议程的其他16个目标中。本书第二章中,表2-2对相关目标进行了梳理总结。但由于目前仍缺乏监测指标所要求的具体数据,此处将结合中国情况就重点目标进行分析。

[①] 《中华人民共和国执行〈北京宣言和行动纲领〉(1995年)及第23届联大特别会议成果文件(2000年)情况报告》,http://www2.unwomen.org/~/media/headquarters/attachments/sections/csw/59/national_reviews/china_review_beijing20.ashx?v=1&d=20140917T100719。

对于目标 1. 在全世界消除一切形式的贫困及目标 2. 消除饥饿，实现粮食安全，改善营养状况和促进可持续农业而言：中国扶贫开发任务仍然艰巨繁重。中国贫困人口规模依然很大，贫困地区农民人均收入不到全国平均水平的 2/3，部分贫困乡村不通电、不通水泥沥青路，一些群众饮水和住房安全等问题尚未解决，已经解决温饱的群众因灾、因病返贫问题突出。贫困地区的女性贫困程度比男性更深。与男性相比，贫困女性受教育机会偏少，文盲与半文盲率较高，生产技能偏低，贫困程度更深。在国家扶贫开发工作重点县，女性劳动力的整体受教育程度低于男性，接受就业培训的比例比男性低 10.5 个百分点。[1]

对于目标 4. 确保包容和公平的优质教育，让全民终身享有学习机会，障碍与挑战主要包括以下方面。《情况报告》中指出，教育工作需要进一步加强学校内的性别平等教育，将性别平等教育纳入中小学教育内容和学校评价体系。高等教育专业学科中的性别不平衡现象仍然存在。受传统观念、个人兴趣和社会制度影响，高等教育中男生多选择工程、计算机、军事等自然科学及理工科专业，女生则倾向于选择教育、护理、文学、艺术、语言等人文和社会科学专业。[2]

《中国实施千年发展目标报告（2000～2015 年）》将妇女的教育

---

[1] 《中华人民共和国执行〈北京宣言和行动纲领〉（1995 年）及第 23 届联大特别会议成果文件（2000 年）情况报告》，http：//www2. unwomen. org/ ~ /media/headquarters/attachments/sections/csw/59/national _ reviews/china _ review _ beijing20. ashx？v = 1&d = 20140917T100719。

[2] 《中华人民共和国执行〈北京宣言和行动纲领〉（1995 年）及第 23 届联大特别会议成果文件（2000 年）情况报告》，http：//www2. unwomen. org/ ~ /media/headquarters/attachments/sections/csw/59/national _ reviews/china _ review _ beijing20. ashx？v = 1&d = 20140917T100719。

与就业问题面临的挑战放在一起进行讨论：女性在就业、教育等领域仍无法获得与男性同等的待遇。中国政府在消除就业歧视方面做了很多工作，但由于劳动力总量较大，个别用人单位在招聘中仍然会设置一些不合理的要求。大龄下岗失业女性实现再就业难度较大。由于女性家庭责任较大，女性相对于男性的就业较为困难。女性的就业质量和就业结构也有待提高。与男性相比，贫困妇女受教育机会偏少，生产技能偏低，贫困程度更深。在国家扶贫开发工作重点县，女性劳动力的整体受教育程度低于男性，接受就业培训的比例低于男性。[1]

需要特别强调，各个目标之间密切相关，但并不必然是正相关关系。例如，教育机会的平等是否必然带来教育结果的平等和人力资本投资的平等回报，则需通过劳动力市场上的就业机会和就业收入来考量。一般意义上讲，教育水平的提高会带来就业机会增加和就业收入增长。在就业机会方面，三次中国妇女社会地位调查显示，尽管20年来男女两性在业率都在下降，但女性在业率下降更多：被访18~64岁城镇女性劳动人口的在业率，1990年为76.3%（男性为90.0%），2000年为63.5%（男性为81.3%），2010年为60.8%（男性为80.5%），20年间城镇女性劳动人口的在业率下降了15.5个百分点。调查还显示，非正规就业女性的比例大于正规就业的女性，大多数非正规就业者进入这一领域是不情愿和无奈的；城镇单位从业人员（正规就业）中，女性下降的数量和幅度比男性更大，2002年比1995年城镇单位从业女性的绝对数减少了1733万人，下降幅度为29.4%，女性以更高的比例承受着经济结构调整带来的就业机会不平等的负面影响。如果以受教育者在劳动力市场的位置作为衡量教育结果的一个标准，仍然可见，

---

[1] 《中国实施千年发展目标报告（2000~2015年）》，2015年7月。

教育机会的平等并没有自然带来教育结果的平等。[1] 就业领域存在的性别歧视在某种程度上抵消了教育平等在实现性别平等中所起的积极作用。

第三节　对中国落实《2030 发展议程》性别平等目标的建议

如何进一步执行北京《行动纲领》，落实好《2030 发展议程》中目标 5 和其他与性别相关的各项具体目标和监测指标，是国际社会、世界各国必须认真思考、积极面对的关键议题。国内外学者从总体和局部讨论了与之相关的各个方面的问题，众多意见和建议在实施联合国《千年发展目标》的后期就已经开始出现了，本书在第一章第三节已经做了一些分析。本节主要讨论中国学者针对落实 2030 年可持续发展目标 5，为实现性别平等，增强所有妇女和女童的权能而提出的建议。

一　中国学者对可持续发展目标的建议

刘伯红指出："中国共产党在长期的革命和建设过程中，坚持马克思主义妇女观，把妇女的解放和发展作为体现社会主义本质的重要内容，积累了丰富的经验。……我们在讨论和制定'后 2015'发展目标时，应当秉承和发扬革命传统，履行国际和国内承诺，把上述核心人权公约的价值和目标体现在未来新的人类发展框架中。"[2] 她在中国语境中，为制定 2015 后可持续发展目标提

---

[1]　刘伯红：《将性别平等纳入"后 2015"发展目标》，《中国妇女报》2014 年 1 月 21 日，第 B01 版。

[2]　刘伯红：《将性别平等纳入"后 2015"发展目标》，《中国妇女报》2014 年 1 月 21 日，第 B01 版。

出如下五点建议。

第一，应将"公平正义"作为"后2015"的重要发展理念。公平正义在中国曾是一个存在争议的概念，然而党的十八大报告对这一争论给予明确判定："公平正义是中国特色社会主义的内在要求"，这表明了公平正义在中国特色社会主义发展中的理论意义和实践意义。中国是21世纪经济发展的领跑者之一，但性别不平等差距却在扩大。因此，为改变不公正和不平等状况，我们需要付出巨大的努力。

第二，应将"实质性平等"列入"后2015"发展目标。已有的国内外发展经验表明，机会平等并不自然带来结果平等。而实质性平等，即不仅承认机会平等、过程平等、规则平等和法律平等，更指结果平等。如果"后2015"目标不能体现实质平等的要求，妇女或其他不利群体就难以成为公平正义的社会发展的主人。

第三，将性别平等纳入中国宏观经济社会发展决策的主流。社会性别主流化是第四次世界妇女大会确定的推进性别平等的全球战略，一些国家的决策者在制定宏观经济社会决策时，更多关注的是经济效益和财富增长，甚至把"男主外女主内"的传统角色分工作为制定经济社会政策的基础，带来包括性别不平等在内的不公正结果。

第四，"后2015"发展目标的实现应有一整套机制和责任保障。实现"后2015"目标的责任主体首先是政府，政府应当义不容辞地承担起这个义务和责任。企业、社会组织和公民也有相应的责任。应设立对政府和企业特别是对政府的问责指标，监督和保障政府与企业承担起应尽的人权义务、环保标准和道德标准，是实现公平正义和可持续发展的重要保证。

第五，"后2015"发展目标的制定和实施应有人民的积极参与和监督。在中国，相当一部分政府官员、企业管理者、知识精英、社区领袖、妇女组织等尚不知何为"千年发展目标",何为"后2015",更谈不上参与制定、推动实施和监督评估"后2015"发展目标,当然,更遑论人民的参与和监督。可见,一个民主、平等、开放和赋予人民权利的政治机制,是制定和实施"后2015"发展目标的重要基础。①

二 强化实施 "社会性别主流化" 战略的政治意愿

"社会性别主流化"的思路,在1985年内罗毕召开的第三次世界妇女大会中已然提出,与会者在批评既有发展政策时指出,需要进一步将妇女整合进发展中去。内罗毕会议的最后文件《到2000年为提高妇女地位内罗毕前瞻性战略》中有此含义,但既没有"社会性别"这个概念,也没有"纳入主流"的提法。②

---

① 刘伯红:《将性别平等纳入"后2015"发展目标》,《中国妇女报》2014年1月21日,第B01版。

② 《到2000年提高妇女地位内罗毕前瞻性战略》的第111段指出:"Women should be an integral part of the process of defining the objectives and modes of development, as well as of developing strategies and measures for their implementation. The need for women to participate fully in political processes and to have an equal share of power in guiding development efforts and in benefiting from them should be recognized. Organizational and other means of enabling women to bring their interests and preferences into the evaluation and choice of alternative development objectives and strategies should be identified and supported. This would include special measures designed to enhance women's autonomy, bringing women into the mainstream of the development process on an equal basis with men, or ether measures designed to integrate women fully in the total development effort."这一段内容在一定程度上体现了"社会性别主流化"的观点。其中译本为:"妇女应参加确定发展目标和方式,参加制定战略和执行战略的措施。应该承认,妇女充分参与政治活动并在指导发展工作及从中受益等方面平等分享权利很有必要。应确定和支持组织上的和其他的手段,使妇女能把她们的利益和选择纳入其他的发展目标和战略中。这将包括旨在增进妇女自主权的特别措施,使妇女在与男子平等的基础上参加发展进程的主流或旨在将妇女充分纳入整个发展（转下页注）

1994年，具有性别平等敏感性的瑞典首相卡尔森（Ingvar Carlsson）任职以后，推出了一系列性别平等新举措，并提出一项新的战略——社会性别主流化。①齐琳在《瑞典社会性别主流化模式初探》中指出，"社会性别主流化模式最早由瑞典提出，在获得了良好成效之后被联合国采纳并作为世界性的战略"。瑞典的措施主要包括：政府内阁推行社会性别主流化计划；建有专门负责性别平等政策执行的部门；中央政府各部部长都对其各自主管领域内的各项政策对社会性别平等的影响负责；建立调查委员会通过调查提供建议；地方政府和郡议会工作对性别平等这个国内政策目标的实现，起到了至关重要的作用；性别平等部在每个郡（地方）都会特设一个性别平等专家；建立平等机会监督机构；设有性别平等委员会。这一模式提出将性别问题纳入政府工作和社会发展宏观决策的主流，通过改变男女两性关系，真正实现人类的发展。②

（接上页注①）工作的其他措施。"引自：联合国《提高妇女地位内罗毕前瞻性战略（摘录）》，A/CONF.116/28/Rev.1（85.IV.10），1986年，载《联合国与提高妇女地位（1945~1995年）》蓝皮书系列卷六，纽约：联合国新闻部出版，1995年，第366页。"Report of the world Conference to Review and Appraise the Achievements of the United Nations Decade for Women: Equality, Development and Peace ," Nairobi, 15 - 26 July 1958, http://daccess - dds - ny. un. org/doc/UNDOC/GEN/N85/380/36/PDF/N8538036. pdf? OpenElement; "History and development of Gender Mainstreaming at international level and at EUlevel," http://www.genderkompetenz.info/eng/gender - competence - 2003 - 2010/Gender%20Mainstreaming/Bases/history/international.

① 齐琳：《瑞典社会性别主流化模式初探》，《中华女子学院学报》2008年第3期，第75页。
② 齐琳：《瑞典社会性别主流化模式初探》，《中华女子学院学报》2008年第3期，第74~77页。

李慧英在1996年曾指出，对于将社会性别纳入主流、体现在所有政策和方案中的要求，有一些具体的要求与限定。它们包括将社会性别纳入主流的时间和空间概念：从空间来看，社会性别观点要进入所有的政策与方案，而不是一些；从时间来看，是在做出决策之前，而不是做出决定之后。将社会性别纳入主流的结果限定为对男女应该有同等影响，男女应该同等受益。将社会性别纳入主流的监督机制意味着社会性别观点要体现在决策的整个过程中，从调研论证到方案确立，从形成正确的决议到议案的执行监督。将社会性别纳入主流的数据统计要求在国民经济和社会状况的统计中，需要尽可能多地设计性别对象，以清楚地掌握社会性别不平等的领域、程度，从而制定相应的政策，发展性别统计将有助于反映社会生活中男女比较的客观情况。将社会性别纳入主流的决策者要求进入领导层的领导者要具备社会性别观点。将社会性别纳入主流的社会文化观念包括应向整个社会广泛地宣传性别观点，改变传统的男女不平等思想等。同时，广大妇女要在其中发挥积极作用。[①]

　　1997年的《联合国经济及社会理事会关于性别主流化的商定结论》中正式提出了"社会性别主流化"的概念："将性别观点纳入主流，是评估任何计划的行动（包括立法，政策或方案）在各领域和层次对男女的影响的进程。这是一种战略，将妇女和男子的关注事项和经验作为一个整体，纳入政治、经济和社会等所有领域的政策和方案的设计、落实、检测和评估中，使男女都能平等受益，终

[①] 参见李慧英《将性别意识纳入决策主流的讨论》，《妇女研究论丛》1996年第3期，第5~7、18页。

止不平等的现象。最终目标是实现两性平等。"① 文件指出社会性别主流化原则在联合国系统应体现在这样几个方面：对所有活动的界定，都应能够判别男女区别，即不应假定没有性别之分；应将之转化为实际的责任，扩大各级妇女参与，将其机制化；将社会性别纳入主流不等于没有必要制定有指标的、针对妇女的政策和方案或积极的立法，也不能代替妇女机构的作用；要成功地将概念转化为实际，必须有明确的政治意愿，提供充足的人力资源和资金等。②

由"在国际劳工组织成员中提高社会性别主流化能力"中国项目组编著的《提高社会性别主流化能力指导手册》中讨论了如何实现社会性别主流化的问题，强调了七个方面：明确而坚定的政治承诺、机构设置与人员配置、社会性别培训和能力建设、社会性别分析、社会性别计划、社会性别平等政策/法律/计划/项目的执行、社会性别评估。社会性别评估部分包括对社会性别平等的计划评估、过程评估、结果评估、影响评估、综合评估。③

根据国际劳工组织提出的"3+1 机制"（政府、雇主组织、工人组织+妇女组织），该手册指出，在中国实现社会性别主流化

---

① 《联合国经济及社会理事会关于性别主流化的商定结论》，《经济与社会理事会1997 年的报告》（1997 年 9 月 18 日），A/52/3，http：//daccess‐dds‐ny.un.org/doc/UNDOC/GEN/N97/265/63/IMG/N9726563.pdf?OpenElement，第 24~31 页。

② 《联合国经济及社会理事会关于性别主流化的商定结论》，《经济与社会理事会1997 年的报告》（1997 年 9 月 18 日），A/52/3，http：//daccess‐dds‐ny.un.org/doc/UNDOC/GEN/N97/265/63/IMG/N9726563.pdf?OpenElement，第 24~31 页。

③ "在国际劳工组织成员中提高社会性别主流化能力"中国项目组：《提高社会性别主流化能力指导手册》，中国社会出版社，2004。

的主体应为：政府劳动和社会保障部、全国总工会、中国企业联合会/中国企业家协会、全国妇联、社会。① 范瑜在《村民自治：走在性别主流化的路上——我们的想法和做法》中提出了在村民自治中实现社会性别主流化的一些做法：第一，把性别视角纳入制度设计，不断完善相关的法律政策；第二，开展具有性别意识的宣传培训工作，加强能力建设，为推荐妇女参与创造良好环境；第三，组织实施示范创新型项目，探索、积累推动妇女参与的经验；第四，将性别视角纳入统计工作，增加了分性别统计指标。②

杜洁的《国际有关社会性别主流化的理论观点述评——基于〈超越社会性别主流化〉专辑的讨论》一文则总结了国际社会研究社会性别主流化的成果：2005年乐施会（OXFAM）在《社会性别与发展》第2期以专辑的形式对一些发展机构执行社会性别主流化的成果进行评估，指出社会性别主流化虽然被很多政府和发展机构认同，但是，在执行方面存在很大不足；2012年《社会性别与发展》的《超越社会性别主流化》专辑，更是站在社会变革的高度，分析社会性别主流化的进程及影响，探讨如何使它在新时期为加速改变性别不平等发挥更大作用。③ 作者指出，性别主流化的定义蕴含了两个层面，一是聚焦公共政策"过程"，即关注将性别平等纳入法律政策的制定、执行和评估过程，强调公共管理和政策法律的变化。从

---

① "在国际劳工组织成员中提高社会性别主流化能力"中国项目组：《提高社会性别主流化能力指导手册》，中国社会出版社，2004，第194~196页。
② 提高社会性别主流化能力培训项目编著《提高社会性别主流化能力培训手册》，联合国社会性别主题工作组、中国社会性别研究与倡导基金资助，2008，第192~198页。
③ 杜洁：《国际有关社会性别主流化的理论观点述评——基于〈超越社会性别主流化〉专辑的讨论》，《妇女研究论丛》2013年第6期，第98页。

这个层面分析社会性别平等主流化的作用和影响，侧重对公共管理和政策的具体投入和阶段性成果进行评估考察。二是从"战略"的层面，期望通过它的实施改变歧视妇女的社会结构。从变革的视角分析社会性别主流化的作用和影响，更侧重妇女地位改变程度以及男女社会关系是否迈向平等，比公共管理和政策法律视角更为宏观。这两个层面成为当前对社会性别主流化评估的主要出发点。[①]

但是，无论多么了解"社会性别主流化"战略，掌握了多少工作方法，如果没有实施该战略的政治意愿，"社会性别主流化"也不可能自动成为现实。"社会性别主流化"也不可能自动成为现实。正如刘伯红所指出的："国际社会的经验证明，社会性别主流化的进展与国家或部门领导者的重视程度成正比，决策者特别是'一把手'有高度的性别平等的使命感和促进性别平等的意志和决心，才会不遗余力地做出推进性别平等的一系列努力。相反，没有强烈的使命感和责任感，缺少坚定而明确的政治承诺，即使偶尔采取相关的促进性别平等的行动或政策，也只可能是政治上形式上的'做秀'"。[②] 坚定而明确的政治承诺建立在提高社会性别平等认识、转变传统性别观念基础上。坚定而明确的政治承诺可以体现在本国本组织的宣言或战略中；体现在高层领导的公开讲话中；体现在具体社会发展规划和工作计划中；体现在资源配置上。[③]

[①] 杜洁：《国际有关社会性别主流化的理论观点述评——基于〈超越社会性别主流化〉专辑的讨论》，《妇女研究论丛》2013年第6期，第98页。

[②] 刘伯红：《实现社会性别平等必须有坚定而明确的政治承诺》，《中国妇运》2015年第9期，第21页。

[③] 刘伯红：《实现社会性别平等必须有坚定而明确的政治承诺》，《中国妇运》2015年第9期，第22页。

2013年10月28日，王岐山在中国妇女第十一次全国代表大会上的祝词中讲道："要坚决贯彻男女平等基本国策，在立法决策中充分体现性别意识，在改善民生中高度关注妇女需求，在社会管理中积极回应妇女关切，使男女平等真正体现到经济社会发展各领域、社会生活各方面。"[1] 这三个"在"就是对中国"社会性别主流化"的思考的总结，而其目标就是"男女平等"。2015年9月习近平主席在全球妇女峰会的演讲和2016年4月发布的《落实2030年可持续发展议程中方立场文件》等文件，也都代表了中国政府落实发展议程、促进性别平等的政治意愿。但是，如何将这些政治意愿表达变成脚踏实地的行动，这是对未来15年特别是对未来五年"早期收获"关键期的工作的严峻考验。

三 加强社会性别统计以提升性别平等措施的有效性

作为实施社会性别主流化战略的一个重要方面，在促进性别平等、赋予妇女权力的进程中，强化社会性别统计数据具有极其重要的意义。"妇女和男子经常生活在两个不同的世界，但因为缺乏可靠的性别统计资料，人们往往不承认两个世界的存在，或者不承认这两个世界之间存在的差异以及由此导致的生存质量和地位等级的不同。因此，制定的政策、实施的战略和采取的行动因缺乏科学的事实依据和反思而事倍功半，甚至事与愿违，既浪费资源，还对妇女和男人产生消极的或不利的影响。[2]

---

[1] 王岐山：《在中国特色社会主义伟大实践中撑起半边天——在中国妇女第十一次全国代表大会上的祝词（2013年10月28日）》，《中国妇女》2013年第11期，第8页。

[2] 刘伯红主编《社会性别主流化读本》，中国妇女出版社，2009，第69~70页。

分性别统计可以矫正政策制定中的性别盲点和对妇女地位、两性关系的偏见、错误认识，是支持社会性别主流化的重要基础，因为各项政策的分析、制定、监督、评估以及执行中的预算编列等工作都是以性别统计的结果为依据的。[1] 蒋永平著文指出，"性别统计对于一个国家乃至全球性别平等目标的实现至关重要，它是保证政府承担相关责任的工具，能够增强决策者和政策执行者的性别敏感，强化政府促进性别平等的职能；它是政策目标和策略调整的依据，可以避免性别偏颇的出现，防止中立政策给妇女带来的消极和不利的影响；而它的监督和引导功能，不仅能够帮助妇女监督政府对妇女发展的承诺有多少得到了实现，还能使社会公众更为关注性别平等和两性协调发展问题，动员更多的力量来推动性别平等与妇女发展"。[2]

《中国统计年鉴》中已有一些分性别统计的项目，比如按年龄和性别分人口数、婚姻状况、受教育程度、文盲人口、育龄妇女统计，但仍很有限。[3] 以 2010 年 12 月 1 日为标准时点，全国妇联和国家统计局联合组织实施第三期中国妇女地位调查。根据《第三期中国妇女社会地位调查主数据报告》，当前中国妇女社会地位的基本情况包括：健康状况、受教育状况、经济状况、社会保障状况、政治状况、婚姻家庭状况、生活方式、法律权益和认知、性别观念和态度，以及典型群体的主要状况。[4] 由宋秀岩主编的《新时

---

[1] 刘伯红主编《社会性别主流化读本》，中国妇女出版社，2009，第 71 页。
[2] 蒋永萍：《性别统计：发展、局限与改进》，《中国行政管理》2015 年第 3 期，第 21 页。
[3] 《中国统计年鉴 2015》，http://www.stats.gov.cn/tjsj/ndsj/2015/indexch.htm。
[4] 宋秀岩主编《新时期中国妇女社会地位调查研究》（全 2 卷），中国妇女出版社，2013。

期中国妇女社会地位调查研究》除了系统研究前几个方面外,从女性高层人才发展、乡村流动、高校女生发展、女童生存发展等方面对典型群体妇女进行了讨论。

在反思中国的性别统计时,蒋永萍提道:一是虽然中国政府统计中性别统计项目不断扩展,内容逐渐增加,但没有覆盖所有的重点问题;二是尚未形成科学合理的指标体系和综合评价核心指标,目前纳入国家统计制度的性别平等和妇女发展指标体系,主要以《妇女发展纲要》的目标检测评估为基准,受目标设置中政府主管部门的主导,领域设置不够全面、指标选择性别敏感度不高,不能很好地反应两性差异和性别平等与妇女发展进程的缺陷。而学术机构开发的指标体系更多停留在文献研究的层面,一些国际公认的指标体系又因意识差异等原因,尚未纳入综合评价体系。此外,目前还存在统计指标的性别敏感度不高、数据质量和代表性有待于提高、性别统计缺乏制度保障等问题。[1] 与"社会性别主流化"战略相一致,决定测量什么和怎么测量,本身也是政治,是一种政治实践,所以要通过强化社会性别统计体系来促进性别平等,同样需要政治意愿。

根据国际经验,开展社会性别预算也是实施社会性别主流化战略、促进性别平等的重要途径,中国在张家口、焦作、温岭等地已经进行了一些尝试,有学者相信,"社会性别预算将在中国上升为顶层设计,成为政治现实,由此通往社会性别平等之路"。[2] 为

---

[1] 蒋永萍:《性别统计:发展、局限与改进》,《中国行政管理》2015 年第 3 期,第 23~24 页。

[2] 山雪艳、刘筱红:《社会性别预算在中国:点状探索、接受困境与推广策略》,《学习论坛》2016 年 5 月,第 68 页。

性别平等筹资以及如何有效利用筹资的问题，也在实现《2030发展议程》性别平等目标中十分关键。而建立强有力的问责制度是将政治意愿变成现实的制度保障。

通过分析《2030发展议程》目标5以及其他与性别平等相关监测指标可以发现，在新编制的监测指标中，有一部分国内仍缺乏系统的调查研究统计数据，需要参照国际标准尽快跟进；其中另一些指标并不适合计量中国问题；同时，中国妇女在社会发展过程中面临并亟待解决的问题，也并非都可以由目前的指标体系准确监测。因此，在执行《2030发展议程》时，中国确实需要立足中国国情，发掘中国智慧，积累中国经验，在积极主动地融入全球可持续发展大潮的同时，走出一条具有中国特色的性别平等的可持续发展之路。

小　结

"主动参与""积极落实"这8个字体现了中国政府实施《2030发展议程》的意志和决心。到2016年7月，中国政府已经通过"十三五"规划纲要，将2030年可持续发展议程与国家中长期发展规划有机地结合起来，发布《落实2030年可持续发展议程中方立场文件》，并且在联合国召开的关于落实2030年可持续发展议程国别自愿陈述会议上的发言中，详细介绍了中国落实发展议程的工作进展和下一步规划。所有这些内容都与性别平等、赋予妇女权力息息相关。

但是，需要清醒地认识到，要到2030年实现可持续发展目标，实现性别平等，中国还面临各种各样的障碍和挑战。在应对这些障碍和挑战的建议中,将社会性别纳入主流、强化社会性别统计具有极为重要的意义。

李英桃在联合国第 59 届妇地会召开之际总结道:"各国政府和其他利益攸关方改善性别不平等状况的切实行动,直接关系着本国和全球性别平等目标的实现。因此,如何推动各国政府和利益攸关方贯彻落实其在国际舞台上的承诺,是问题的关键所在……综合各方意见,可以得出如下结论:强烈的政治意愿和强有力的问责机制是贯彻落实《北京宣言》、北京《行动纲领》以及大会第二十三届特别会议成果文件,到 2030 年实现全球性别平等的有力保障。"① 落实 2030 年可持续发展目标,实现性别平等和赋予妇女权力,也是如此。

---

① 李英桃:《二十年的成绩与挑战——联合国妇女地位委员会第 59 届会议观察与总结》,《妇女研究论丛》2015 年第 3 期,第 111 页。

结论　改变自己 影响世界

从性别平等融入国际发展框架，到《千年发展目标》目标 3 的提出、实施、到期，再到《2030 发展议程》目标 5 的提出并与其他 16 项更广泛、更具体的目标共同构成一个彼此联系、不可分割的整体，这一历史进程反映了人类认识性别平等、可持续发展以及两者之间关系且致力于实现"性别平等的可持续发展目标"的发展变化轨迹。

本书包括导论、五个主体章节和结论共七个部分。

导论部分主要讨论性别平等与可持续发展的关系，介绍全球性别平等运动的标志性事件和重要国际文书，概括《2030 发展议程》与《千年发展目标》的差别，并简述中国政府对《2030 发展议程》性别平等目标的承诺，从而为后五章的讨论敲定基调。导论中特别提出，落实《2030 发展议程》的过程，就是实现"性别平等的可持续发展"宏伟目标的过程。

第一章着重回顾《2030 发展议程》性别平等目标提出的背景。由于《2030 发展议程》是在《千年发展目标》到期后提出的一个新议程，因此这里所提到的背景，更多的是《千年发展目标》中性别平等目标的实施过程及实施结果为人类下一步发展任务留下的遗产，包括所取得的成果和进展、障碍与挑战，以及各利益攸关方为2015后发展议程提出的批评、质疑、意见和建议。总的来看，在过去15年间，世界各国在落实目标3及相关目标上，取得了不同程度的进步，但是进展极不平衡，世界任何一个国家，都没有实现性别平等目标。所有这些都为贯彻落实《2030发展议程》奠定了基础，也遗留下艰巨任务和巨大挑战。

第二章和第三章的主要任务是分析在世界范围内落实《2030发展议程》性别平等目标的必要性和重要意义、展现世界各国对此议题的重视态度并总结国际社会对于《2030发展议程》性别平等目标的实践积累及当前的实施进展。

第二章的第一节列叙了《2030发展议程》目标5的9项具体目标以及其他可持续发展目标所包含的性别平等相关议题，列举了用于统计和评估该目标实施情况的全球监测指标，梳理联合国五大常任理事国对于《2030发展议程》性别平等目标的态度，侧面印证了国际社会对于该议题的高度关注。第二节系统地论述了《2030发展议程》目标5中各个具体目标，尤其是相比《千年发展目标》目标3来说，新增的目标所反映的问题的严重性和紧迫性。通过第二章的总结和分析可以看出，由于包括性暴力、童婚和割礼等在内的全球性问题正在严重侵犯妇女和女童的人权，阻碍她们的发展，并对她们造成长期的、不可逆的身心伤害，因此国际社会认为应该尽一切努力消除这些问题，改善妇女和女童的未来，并最终促进整个世界的发展。

第三章的第一节概述了在《2030发展议程》正式通过之前，世界各国对于消除性别不平等现象所付出的前期努力，第二节总结了《2030发展议程》正式通过之后，国际社会对于落实该议程性别平等目标所采取的措施和实际进展，并分析了落实《2030发展议程》性别平等目标所面临的机遇和挑战。与《千年发展目标》相比，《2030发展议程》规模更大，更加重视执行方式和执行力度，各国政府执行该议程的政治意愿、筹资问题、所有利益攸关方的积极参与都是落实《2030发展议程》性别平等目标的关键点。综合来看，《2030发展议程》性别平等目标的全球推进已取得了一定的进展，但是仍然面对着世界经济体制不够合理、传统习俗和陈旧刻板的性别观念难以根除等问题的挑战。

如果说第二章、第三章所展示的是"全球视野"，那么第四章和第五章集中探讨的则是实现性别平等和赋权妇女的"中国经验"。

第四章首先分析了中国国家领导人在国际舞台上的讲话中对实施《千年发展目标》和落实《2030发展议程》中性别平等目标的承诺的变化，表明目前中国对新议程的承诺和政治意愿表达的程度都达到一个新高峰。接着，第二节根据2015年中国发布的相关报告，按照监测指标逐一梳理中国实现《千年发展目标》促进性别平等方面取得的主要成绩和采取的具体措施，并将性别平等放在更大的领域进行分析总结，客观地综述了中国取得的长足进展和巨大成就。在此基础上，第三节重点介绍了"春蕾计划"、"母亲水窖"活动等六个具有代表性意义的案例，集中反映中国在促进性别平等和妇女发展方面已经积累了丰富的实践经验。

第五章的写作意图和呈现内容包括三个方面。第一方面是追踪中国政府在实施《2030发展议程》性别平等目标的最新动态，不仅解释了政府落实新议程的立场，而且列出近期和5年内的行动计划。这些内容都凸显了中国政府的"主动参与""积极落实"的态度。第二方面有重点地分析了阻碍《2030发展议程》中以目标

5为主的相关具体目标和监测指标得以顺利落实的障碍及各种挑战。第三方面是为在2030年之际全面实现性别平等和妇女权利的目标提出意见和建议，其中最关键的建议包括将社会性别纳入可持续发展的主流、强化社会性别统计，而这两者得以真正落实的保证正是强烈的政治意愿和强有力的问责机制。

中国外交史学者章百家曾用"改变自己，影响世界"来概括20世纪中国外交发展的基本线索："改变自己是中国力量的主要来源，改变自己也是中国影响世界的主要方式。"[①] 改革开放以来，在和平发展的进程中，中国在国际舞台上开始发挥更大作用。1995年北京承办联合国第四次世界妇女大会，是中国影响世界、为妇女发展创造有利国际环境的里程碑。2015年9月习近平主席出席并主持联合国妇女署与中国联合主办的全球妇女峰会，向全世界做出承诺，是中国为性别平等和妇女发展做出贡献、承担责任的又一重要标志。[②]

在总结中国过去15年的成功经验、当前面临的障碍挑战，并为未来15年实现性别平等的可持续发展提出建议的时候，需要强调如下两个方面：第一，中国在国内落实《2030发展议程》、实现性别平等的可持续发展目标的努力，是全球性别平等与可持续发展事业不可或缺的组成部分，中国取得成绩，就是为世界的进步做出贡献，从这个意义上讲，中国改变自己就是影响世界；第二，随着中国的和平发展和越来越多地承担国际责任，中国在国际舞台上为联合国、其他发展中国家的性别平等与可持续发展所贡献

[①] 章百家：《改变自己 影响世界——20世纪中国外交基本线索刍议》，《中国社会科学》2002年第1期，第17页。

[②] 李英桃：《改变自己 影响世界：创造有利于妇女发展的国际环境》，《妇女研究论丛》2015年第6期，第16页。

的力量也将日渐凸显,这就意味着,中国通过为世界提供更多"公共产品"(public goods)来影响世界。这两方面的努力相辅相成,构成一个整体,不可以因后者忽略了前者,也不应该只顾前者而拒绝为后者承担责任。目前,落实《2030发展议程》的任务已经写入2016年出台的国家"十三五规划",中国政府正在积极统筹国内国际两个大局,并已逐步形成内外联动态势。

在《千年发展目标》已经到期、《2030发展议程》刚刚开启、联合国第59届妇地会确定到2030年全面实现性别平等宏伟蓝图之际,落实《2030发展议程》的工作将有助于中国人民与世界各国一起,"改变自己,影响世界","超越辞藻,从承诺到行动,以担当精神推动全球妇女发展,为顺利完成《2030发展议程》、实现全球性别平等而努力。"[①]

[①] 李英桃:《改变自己 影响世界:创造有利于妇女发展的国际环境》,《妇女研究论丛》2015年第6期,第16页。

参考文献

中文文献

1. 书籍

（1）"在国际劳工组织成员中提高社会性别主流化能力"中国项目组：《提高社会性别主流化能力指导手册》，中国社会出版社，2004。

（2）〔丹〕埃斯特·博斯拉普：《妇女在经济发展中的角色》，陈慧平译，译林出版社，2010。

（3）〔法〕西蒙娜·德·波伏娃：《第二性》，陶铁柱译，中国书籍出版社，1998。

（4）〔加纳〕科菲·安南、〔美〕纳德尔·莫萨：《安南回忆录 干预：战争与和平中的一生》，尹群、王小强、王帅译，译林出版社，2014。

（5）高鸿钧：《伊斯兰法：传统与现代化》，清华大学出版社，2004。

（6）李英桃：《女性主义和平学》，上海人民出版社，2012。

（7）李英桃编《女性主义国际关系学》，浙江人民出版社，2006。

（8）刘伯红编《社会性别主流化读本》，中国妇女出版社，2009。

（9）刘亦文、胡宗义等：《中国普惠金融研究丛书：中国农村金融三维均衡发展研究》，湖南大学出版社，2014。

（10）石小玉主编《世界经济社会统计新进展2009》，中国统计出版社，2009。

（11）世界银行：《2012年世界发展报告 性别平等与发展》，胡光宇、赵冰译，清华大学出版社，2012。

（12）宋秀岩编《新时期中国妇女社会地位调查研究》（全2卷），中国妇女出版社，2013。

（13）提高社会性别主流化能力培训项目编著《提高社会性别主流化能力培训手册》，联合国社会性别主题工作组、中国社会性别研究与倡导基金资助，2008。

（14）星焱：《普惠金融的效用与实现：综述及启示》，《国际金融研究》2015年第11期。

（15）中国妇女发展基金会：《母亲水窖公益——发展中创新，创新中发展》，载国务院扶贫办编《中国社会扶贫创新行动优秀案例集2012》，中共中央党校出版社，2013。

（16）中国项目组：《提高社会性别主流化能力指导手册》，中国社会出版社，2004。

（17）中华人民共和国外交部政策规划司编《中国外交2012年版》，世界知识出版社，2012。

（18）《第四次世界妇女大会文件：〈北京宣言〉和〈行动纲领〉》，《第四次世界妇女大会重要文献汇编》，中国妇女出版社，1998。

2. 书中文章

（1）李英桃：《全球政治与性别平等：现状与挑战》，《全球政治与安全报告（2008）》，社科文献出版社，2007。

3. 期刊

（1）《国务院关于印发中国妇女发展纲要（1995～2000年）的通知》，国发〔1995〕23号，1995年7月27日，《中国妇女发展纲要（1995～2000年）》，《中华人民共和国国务院公报》1995年第21期。

（2）《国务院关于印发中国妇女发展纲要和中国儿童发展纲要的通知》，国发〔2001〕18号，2001年5月22日，《中国妇女发展纲要（2001～2010年）》，《中华人民共和国国务院公报》2001年第21期。

（3）《国务院关于印发中国妇女发展纲要和中国儿童发展纲要的通知》，国发〔2011〕24号，2011年7月30日，《中国妇女发展纲要（2011～2020年）》，《中华人民共和国国务院公报》2011年第31期。

（4）《在联合国第四次世界妇女大会欢迎仪式上江泽民主席的讲话》（1995年9月4日），《中国妇运》1995年第11期。

（5）〔加〕董晓媛：《照料经济、性别平等与包容性增长——中国落实2015后可持续发展目标的思考》，《妇女研究论丛》2015年第6期。

（6）蔡一平：《北京+20：站在促进性别平等的历史交叉点上》，《中国妇女报》2015年9月28日，第04版。

（7）杜洁：《国际有关社会性别主流化的理论观点述评——基于〈超越社会性别主流化〉专辑的讨论》，《妇女研究论丛》2013年第6期。

（8）和建花：《联合国妇地会第60届非政府组织论坛观察——可持续发展与妇女赋权》，《妇女研究论丛》2016年第3期。

（9）蒋永萍：《性别统计：发展、局限与改进》，《中国行政管理》2015年第3期。

（10）康泠：《"春蕾计划"的实践与前景——在云南全国省际妇联对口扶贫工作经验交流会暨"三西"地区妇干培训班上的讲话（1997）》，载全国妇联办公厅编《七大以来妇女儿童工作文选（1993~1998）》（内部资料）。

（11）李慧英：《将性别意识纳入决策主流的讨论》，《妇女研究论丛》1996年第3期。

（12）李明舜：《反家庭暴力法是一部具有多重意义和作用的良法》，《妇女研究论丛》2016年第1期。

（13）李明舜：《引领中国妇女发展的新纲要——略论〈中国妇女发展纲要（2011~2020）〉的几个亮点》，《中国人权》2011年第6期。

（14）李双金：《小额贷款与妇女发展及其政策启示》，《上海经济研究》2010年第7期。

（15）李英桃：《奥巴马政府第一任期的"女权外交"评析》，《当代世界与社会主义》2015年第1期。

（16）李英桃：《持续关注全球性别平等运动的发展》，《中国妇女报》2016年1月5日，第B01版。

（17）李英桃：《二十年的成绩与挑战——联合国妇女地位委员会第59届会议观察与总结》，《妇女研究论丛》2015年第3期。

（18）李英桃：《改变自己 影响世界：创造有利于妇女发展的国际环境》，《妇女研究论丛》2015年第6期。

（19）刘伯红：《将性别平等纳入"后2015"发展目标》，《中国妇女报》2014年1月21日，第B01版。

（20）刘伯红：《实现社会性别平等必须由坚定而明确的政治承诺》，《中国妇运》2015年第9期。

（21）孟晓驷：《做好新时期妇女群众工作 推动"巾帼建功"活动创新发展》，《中国妇运》2011年第5期。

（22）齐琳：《瑞典社会性别主流化模式初探》，《中华女子学院学报》2008年第3期。

（23）山雪艳、刘筱红：《社会性别预算在中国：点状探索、接受困境与推广策略》，《学习论坛》2016年5月。

（24）沈跃跃：《在全国妇联学习宣传反家庭暴力法座谈会上的讲话（2016年1月6日）》，《中国妇女》2016年第2期。

（25）汤敏：《浅谈我国〈反家庭暴力法〉的不足之处》，《法制博览》2016年2月（下）。

（26）佟新、周旅军：《就业与家庭照顾间的平衡：基于性别与职业位置的比较》，《学海》2013年第2期。

（27）王德福：《养老倒逼婚姻：理解当前农村早婚现象的一个视角》，《南方人口》2012年第2期。

（28）王岐山：《在中国特色社会主义伟大实践中撑起半边天——在中国妇女第十一次全国代表大会上的祝词（2013年10月28日）》，《中国妇女》2013年第11期。

（29）吴邦国：《实现千年发展目标 国际社会义不容辞——在第三次世界议长大会上的讲话》（二〇一〇年七月十九日 日内瓦），《中国人大》2010年7月25日。

（30）亦平：《未来15年：全球向前看，女性向前性》，《中国妇女报·新女学周刊》2015年11月10日，第B01版。

（31）张翠娥：《社会性别与艾滋病——对一位女性艾滋病患者生

命历程的性别分析》,《妇女研究论丛》2008 年第 3 期。

(32) 张韶华、张晓东:《普惠金融:一个文献的综述》,《比较》2015 年第 1 期。

(33) 章百家:《改变自己 影响世界——20 世纪中国外交基本线索刍议》,《中国社会科学》2002 年第 1 期。

4. 网络资源

(1) "关于千年发展目标指标", http://mdgs.un.org/unsd/mdg/Host.aspx? Content = Indicators/About.htm。

(2) 《"世界电信日"强调信息通信为女性赋权的作用》, http://www.un.org/chinese/News/story.asp? NewsID = 17787。

(3) 《"他为她"联合国妇女署促进性别平等的团结运动影响力 10X10X10 企业合作框架》, file:///C:/Users/upa/Downloads/HeForShe_ IMPACTProgramme_ Corporations_ Chinese_ B.pdf。

(4) 《〈北京政策法规性别平等评估操作指南〉专题培训会召开》, http://zhengwu.beijing.gov.cn/gzdt/bmdt/t1413479.htm。

(5) 《2015 年后发展议程中方立场文件》, http://www.china-un.org/chn/hyyfy/t1264863.htm。

(6) 《2016 年二十国集团妇女会议公报》, http://www.g20.org/hywj/dncgwj/201606/t20160628_ 2343.html。

(7) 《变革我们的世界:2030 年可持续发展议程》, https://sustainabledevelopment.un.org/content/documents/94632030%20Agenda_ Revised%20Chinese%20translation.pdf。

(8) 《布加勒斯特宣言》, https://www.itu.int/dms_ pub/itu-s/md/03/wsispc2/doc/S03-WSISPC2-DOC-0005!!MSW-C.doc。

(9) 《财产权、继承权和利用土地权》, http://www.un.org/zh/devel-

opment/housing/women3.shtml。

（10）《残割女性生殖器零容忍国际日：力争到 2030 年结束这一严重侵犯人权行为》，http：//www.un.org/chinese/News/story.asp? NewsID = 25619。

（11）《残割女性生殖器零容忍国际日》，http：//www.un.org/zh/events/femalegenitalmutilationday/。

（12）《常驻联合国代表刘结一大使在联合国妇地会多利益攸关方论坛上的主旨发言》，http：//www.china-un.org/chn/hyyfy/t1333952.htm。

（13）《儿基会报告：高收入国家儿童间的不平等现象不容忽视》，http：//www.un.org/sustainabledevelopment/zh/2016/04/gender-inequities/。

（14）《儿童权利公约》，http：//www.ohchr.org/CH/Issues/Documents/core_instruments/CRC.pdf。

（15）《非洲日：潘基文秘书长呼吁弘扬以妇女权利为特别重点的人权》，http：//www.un.org/chinese/News/story.asp? NewsID = 26230。

（16）《妇女发展全球领袖峰会开幕 潘基文呼吁各国将承诺变为行动》，http：//www.un.org/chinese/News/story.asp? NewsID = 24782。

（17）《妇女署最新进展报告：政策制定者应改变经济策略 促使两性平等变为现实》，http：//www.un.org/sustainabledevelopment/zh/2015/04/transformeconomiesgenderequality/。

（18）《改变我们的世界：2030 年可持续发展议程》，https：//www.unfpa.org/sites/default/files/resource-pdf/Resolution_

A_RES_70_1_CH.pdf。

(19)《工作中的妇女：2016年趋势》，http：//www.ilo.org/wcmsp5/groups/public/---dgreports/---dcomm/---publ/documents/publication/wcms_457087.pdf。

(20)《关于防止和消除童婚、早婚和强迫婚姻的报告》http：//www.ohchr.org/EN/HRBodies/HRC/RegularSessions/Session26/Documents/A_HRC_26_22_CHI.DOC。

(21)《关于开展全国女大学生创业导师行动的通知》，http：//www.ncss.org.cn/zx/zcfg/qg/10002864.shtml。

(22)《国际劳工组织2015~2017年发展合作战略》，http：//www.ilo.org/wcmsp5/groups/public/---ed_norm/---relconf/documents/meetingdocument/wcms_413207.pdf。

(23)《国际人口与发展大会行动纲领（1994）》，https：//www.unfpa.org/sites/default/files/event-pdf/PoA_en.pdf。

(24)《江泽民在联合国千年首脑会议上发表讲话》，http：//www.cctv.com/news/china/20000907/2.html。

(25)《教科文组织：从未上过学的女童人数高出男童一倍》，http：//www.un.org/chinese/News/story.asp?NewsID=25737。

(26)《教育中的性别平等》，http：//www.unesco.org/new/zh/education/themes/leading-the-international-agenda/gender-and-education/。

(27)《可持续发展峰会：马拉拉恳请世界领导人保障女童接受基本教育的权利》，http：//www.un.org/sustainabledevelopment/zh/2015/09/malala-sdg-summit/。

(28)《可持续发展目标各项指标机构间专家组的报告》，http：//unstats. un. org/unsd/statcom/47th – session/documents/2016 – 2 – IAEG – SDGs – Rev1 – c. pdf。

(29)《可持续发展议程》，http：//www. un. org/sustainabledevelopment/zh/development – agenda/。

(30)《联大就暴力极端主义对儿童与青年的影响举行高级别主题辩论》，http：//www. un. org/chinese/News/story. asp？NewsID＝26280。

(31)《联合国副秘书长吴红波介绍"可持续发展目标"进展情况与存在的挑战》，http：//www. unmultimedia. org/radio/chinese/archives/256765/#. V5U0hPl97IU。

(32)《联合国机构庆祝"国际妇女节"呼吁加速推进全球女性赋权行动》，http：//www. un. org/chinese/News/story. asp？NewsID＝25789。

(33)《联合国教科文组织总干事伊琳娜·博科娃女士在国际妇女节的致辞》，http：//unesdoc. unesco. org/images/0024/002438/243844C. pdf。

(34)《联合国经济及社会理事会关于性别主流化的商定结论》，《经济与社会理事会1997年的报告》（1997年9月18日），A/52/3，http：//daccess – dds – ny. un. org/doc/UNDOC/GEN/N97/265/63/IMG/N9726563. pdf？OpenElement。

(35)《联合国启动有关促进两性平等和实现男女同工同酬的全球倡议行动》，http：//www. un. org/chinese/News/story. asp？NewsID＝25841。

(36)《联合国千年宣言》，A – 55 – L2，http：//www. un. org/chinese/aboutun/prinorgs/ga/millennium/A – 55 – L2. htm。

(37)《联合国庆祝首个"妇女和女童参与科学国际日"》, http://www.un.org/chinese/News/story.asp？NewsID=25638。

(38)《落实2030年可持续发展议程中方立场文件》, http://www.fmprc.gov.cn/web/wjbxw_673019/W020160422582193262833.doc。

(39)《没有妇女发展、两性平等,可持续发展议程便不可能实现——专访中国女性问题专家蔡一平》, http://www.unmultimedia.org/radio/chinese/archives/254544/。

(40)《凝聚两国智慧经验 促进妇女赋权增能》, http://acwf.people.com.cn/n/2015/0430/c99048-26931891.html。

(41)《女大学生创业扶持行动暨女大学生创业季启动》, http://www.mohrss.gov.cn/jycjs/JYCJSgongzuodongtai/201109/t20110930_81902.html。

(42)《女性生殖器割礼》, http://www.unicef.org/chinese/protection/index_genitalmutilation.html。

(43)《女性生殖器切割流行率》, http://www.who.int/reproductivehealth/topics/fgm/prevalence/zh/。

(44)《潘基文：对两性平等进行更多投资有利于促进可持续发展》, http://www.un.org/sustainabledevelopment/zh/2015/07/gender-equality-sustainable-dev/#prettyPhoto。

(45)《潘基文：推动妇女和儿童权利和健康的发展就是推动整个社会的发展》, http://www.un.org/chinese/News/story.asp？NewsID=25837。

(46)《潘基文呼吁加大努力 争取在2030年前结束妇女儿童和青少年中可预防的死亡》, http://www.un.org/sustainabledevelopment/zh/2015/09/everywomaneverychild/#prettyPhoto。

（47）《千年发展目标：2015 年进度表》，http：//mdgs. un. org/unsd/mdg/Resources/Static/Products/Progress2015/Progress_C. pdf。

（48）《千年发展目标报告（2015 年）》，http：//mdgs. un. org/unsd/mdg/Resources/Static/Products/Progress2015/Chinese2015. pdf。

（49）《全国妇联副主席崔郁：小额担保贷款助力妇女创业脱贫》，http：//news. ifeng. com/a/20160308/47744391_0. shtml。

（50）《全球领导人峰会：习近平呼吁促进两性平等 增强妇女赋权能》，http：//www. un. org/sustainabledevelopment/zh/2015/09/boost-gender-equality/。

（51）《人力资源社会保障部 教育部 全国总工会 共青团中央 全国妇联 中国残联关于开展 2009 年就业服务系列活动的通知》（人社部发〔2008〕116 号），发布日期：2008 年 12 月 22 日，http：//www. mohrss. gov. cn/jycjs/JYCJSzhengcewenjian/200812/t20081222_86519. html。

（52）《人权高专办报告：消除残割或切除女性生殖器行为的努力在几内亚面临巨大障碍》，http：//www. un. org/chinese/News/story. asp？NewsID=26058。

（53）《人权理事会第二十九届会议议程项目 3 增进和保护所有人权——公民权利、政治权利、经济、社会和文化权利，包括发展权》，http：//ap. ohchr. org/documents/C/HRC/d_res_dec/A_HRC_29_L15. pdf。

（54）《什么是"巾帼建功"竞赛活动》，http：//www. wsic. ac. cn/baike/70955. htm。

（55）《实现可持续发展目标进展情况》，http：//unstats. un. org/sdgs/

files/report/2016/secretary－general－sdg－report－2016－－ZN. pdf。

(56)《实现性别平等和体面工作》, http：//www. ilo. org/wcmsp5/groups/public/@ asia/@ ro－bangkok/@ ilo－beijing/documents/statement/wcms_ 142888. pdf。

(57)《世界人口状况最新报告：妇女基本卫生保健在人道危机中受忽视》, http：//www. un. org/chinese/News/story. asp? newsID = 25232。

(58)《童婚：每天有 3.9 万起》, http：//www. who. int/mediacentre/news/releases/2013/child_ marriage_ 20130307/zh/。

(59)《外交部副部长李保东在联合国可持续发展高级别政治论坛部长级会议一般性辩论上的讲话》(2016 年 7 月 19 日, 美国纽约), http：//www. fmprc. gov. cn/web/ziliao_ 674904/zyjh_ 674906/t1383362. shtml。

(60)《外交部副部长李保东在落实 2030 年可持续发展议程国别自愿陈述上的发言》, http：//www. fmprc. gov. cn/web/ziliao_ 674904/zyjh_ 674906/t1383361. shtml。

(61)《温家宝在联合国千年发展目标高级别会上讲话》, http：//www. gov. cn/ldhd/2008－09/26/content_ 1106073. htm。

(62)《消除对妇女暴力宣言》, https：//documents－dds－ny. un. org/doc/UNDOC/GEN/N94/095/04/IMG/N9409504. pdf? Open Element。

(63)《消除对妇女的暴力行为国际日：潘基文呼吁国际社会采取真正行动》, http：//www. un. org/chinese/News/story. asp? NewsID = 25190。

(64)《消除对妇女和女孩暴力行为,联合国正在做什么?》,http://www.un.org/zh/women/endviolence/what.shtml。

(65)《消除对妇女一切形式歧视公约》,http://www.un.org/womenwatch/daw/cedaw/text/0360794c.pdf。

(66)《消除针对妇女歧视委员会会议:减灾特别代表呼吁在减灾管理和气候变化方面弥补两性差距》,http://www.un.org/sustainabledevelopment/zh/2016/02/women-and-girls-should-be-at-core-of-disaster-risk-reduction/。

(67)《新研究表明女性生殖器切割在分娩时使妇女和婴儿面临巨大危险》,http://www.who.int/mediacentre/news/releases/2006/pr30/zh/。

(68)《应对尤其针对妇女和女童以及针对儿童的暴力问题全球挑战》,http://apps.who.int/gb/ebwha/pdf_files/WHA67/A67_22-ch.pdf。

(69)《针对妇女的暴力行为》,http://www.who.int/mediacentre/factsheets/fs239/zh/。

(70)《中国代表团初光在联合国妇女署执行局2016年第一次常会上的发言》,http://www.china-un.org/chn/hyyfy/t1339712.htm。

(71)《中国实施千年发展目标报告(2000-2015年)》,2015年7月,http://www.cn.undp.org/content/dam/china/docs/Publications/UNDP-CH-SSC-MDG2015_Chinese.pdf?download。

(72)《中国统计年鉴2015》,http://www.stats.gov.cn/tjsj/ndsj/2015/indexch.htm。

(73)《中华人民共和国反家庭暴力法(主席令第三十七号)》,

2015 年 12 月 27 日，http：//www.gov.cn/zhengce/2015-12/28/content_5029898.htm。

(74)《中华人民共和国执行〈北京宣言和行动纲领〉（1995 年）及第 23 届联大特别会议成果文件（2000 年）情况报告》，http：//www2.unwomen.org/~/media/headquarters/attachments/sections/csw/59/national_reviews/china_review_beijing20.ashx?v=1&d=20140917T100719。

(75) 胡锦涛：《努力建设持久和平、共同繁荣的和谐世界》，http：//www.china.com.cn/chinese/news/971778.htm。

(76) 胡玉坤：《消除对妇女暴力的国际机制探究》http：//www.aisixiang.com/data/94311.html。

(77) 联合国：《附件三 拟议可持续发展目标指标清单（截至 2015 年 12 月 17 日）》，载《可持续发展目标各项指机构间专家组的报告》，http：//unstats.un.org/unsd/statcom/47th-session/documents/2016-2-IAEG-SDGs-Rev1-c.pdf。

(78) 联合国妇女发展基金：《通向性别平等之路：〈消除对妇女一切形式歧视公约〉、〈北京行动纲领〉和〈千年发展目标〉》，2005，http：//www.china-gad.org/uploadfile/200592314639560.pdf；Kofi A. Annan, "Foreword", The Millennium Development Goals Report 2005, p. 16, www.un.org/docs/summit2005/MDGBook.pdf。

(79) 苏梦夏：《俄罗斯鼓励生育政策的成效》，英国《金融时报》中文网，http：//www.ftchinese.com/story/001047044?full=y。

(80)《王毅部长在落实 2030 年可持续发展议程国际研讨会上的视频讲话》，http：//www.fmprc.gov.cn/web/ziliao_674904/

zyjh_ 674906/t1367799. shtml。

(81) 习近平:《促进妇女全面发展 共建共享美好世界——在全球妇女峰会上的讲话》(2015 年 9 月 27 日,纽约),《人民日报》2015 年 9 月 28 日,第 3 版,http://paper.people.com.cn/rmrb/html/2015 - 09/28/nw. D110000renmrb_ 20150928_ 1 - 03. htm。

(82) 习近平:《谋共同永续发展 做合作共赢伙伴》(2015 年 9 月 26 日),《人民日报》2015 年 9 月 27 日,第 2 版,http://paper.people.com.cn/rmrb/html/2015 - 09/27/nw. D110000renmrb_ 20150927_ 2 - 02. htm。

(83) 中国发布《落实 2030 年可持续发展议程中方立场文件》,http://www.fmprc.gov.cn/web/wjb_ 673085/zzjg_ 673183/gjjjs_ 674249/xgxw_ 674251/t1356278. shtml。

英文文献

(1) "History and Development of Gender Mainstreaming at International Level and at EU Level," http://www.genderkompetenz.info/eng/gender - competence - 2003 - 2010/Gender% 20Mainstreaming/Bases/history/international.

(2) "Table 1. The SDG Index," in SDG Index & Dashboards: A Global Report, July 2016, http://sdgindex.org/assets/files/sdg_ index_ and_ dashboards_ compact. pdf.

(3) "Women in national parliaments," Situation as of 1st June 2016, http://www.ipu.org/wmn - e/classif. htm.

(4) Addis Ababa Action Agenda, http://www.un.org/esa/ffd/wp - content/uploads/2015/08/AAAA_ Outcome. pdf.

(5) African Charter on the Rights and Welfare of the Child, http://www.unicef.org/esaro/African_ Charter_ articles_ in_ full.pdf.

(6) Annalise Moser, "GENDER and INDICATORS Overview Report", July 2007, p. 34, http://www.bridge.ids.ac.uk/sites/bridge.ids.ac.uk/files/reports/IndicatorsORfinal.pdf.

(7) Asia – Pacific to pursue action – oriented financing strategy to transform development, http://www.unescap.org/news/asia – pacific – pursue – action – oriented – financing – strategy – transform – development.

(8) Ban Ki – moon, "Statement http," www.un.org/sg/statements/index.asp? nid = 8449.

(9) By 2020, more than 140 million girls will have become child brides, http://www.un.org/apps/news/story.asp? NewsID = 44314&Cr = child + marriage&Cr1 = #.V42R4Pl97IV.

(10) Declaration on the Elimination of Violence against Women, http://www.un.org/documents/ga/res/48/a48r104.htm.

(11) Global AIDS Alliance, "Violence against Women and Children & HIV/AIDS", www.globalaidsalliance.org/page/ – /documents/FactSheet_ VAWC.doc.

(12) Global Leaders' Meeting on Gender Equality – Speech by M. François Hollande, President of the French Republic, http://www.franceonu.org/Gender – equality – an – opportunity – for – development.

(13) Gro Harlem Brundtland, "In the XXI Century Poverty still Has a Woman's Face", http://www.tierramerica.net/english/2003/

0309/igrandesplumas. shtml.

（14）Guidelines for Producing Statistics on Violence against Women—Statistical Surveys, http：//unstats. un. org/unsd/gender/docs/Guidelines_ Statistics_ VAW. pdf.

（15）Hillary Rodham Clinton, Women's Empowerment Principles 2015 Annual Event – CSW59 Side Event. 10 Mar 2015 – Keynote address by Hon. Hillary Rodham Clinton, http：//webtv. un. org/search/part – 3 – hillary – rodham – clinton – women%E2%80%99s – empowerment – principles – 2015 – annual – event – csw59 – side – event/4103680428001？ term = Women%E2%80%99s%.

（16）Human Development Report 2015, http：//hdr. undp. org/sites/default/files/2015_ human_ development_ report. pdf.

（17）ITU ICT Facts and Figures – The world in 2013, https：//www. itu. int/en/ITU – D/Statistics/Documents/facts/ICTFacts-Figures2013 – e. pdf.

（18）ITU ICT Facts and Figures – The world in 2015, http：//www. itu. int/en/ITU – D/Statistics/Documents/facts/ICTFactsFigures2015. pdf.

（19）Monterrey Consensus, http：//www. un. org/esa/ffd/monterrey/MonterreyConsensus. pdf.

（20）OECD hosts a month of events in March to mark International Women's Day, https：//www. gov. uk/government/world – location – news/oecd – hosts – a – month – of – events – in – march – to – mark – international – womens – day.

(21) Peng Liyuan, First Lady of China and UNESCO Special Envoy for the Advancement of Girls and Women's Education, 26 Sep 2015, http: //webtv. un. org/search/peng – liyuan – first – lady – of – china – and – unesco – special – envoy – for – the – advancement – of – girls – and – women's – education/4524229063001? term = peng liyuan.

(22) Remarks at the UN Women Executive Board, http: //usun. state. gov/remarks/6831.

(23) Report of the World Conference to review and appraise the achievements of the United Nations Decade for Women: Equality, Development and Peace, http: //www. un. org/womenwatch/daw/beijing/otherconferences/Nairobi/Nairobi% 20Full% 20 Optimized. pdf.

(24) Report of the world Conference to Review and Appraise the Achievements of the United Nations Decade for Women: Equality, Development and Peace ," Nairobi, 15 – 26 July 1958, http: //daccess – dds – ny. un. org/doc/UNDOC/GEN/N85/380/36/PDF/N8538036. pdf? OpenElement.

(25) Structured Dialogue on Financing: Report on Financing the UN – Women Strategic Plan, including its flagship programme initiatives, http: //www2. unwomen. org/ ~ /media/headquarters/attachments/sections/executive% 20board/2016/1st% 20regular% 20 session% 202016/unw – 2016 – crp1 – structured% 20dialogue% 20on% 20financing – en. pdf? v = 1&d = 20160108T212723.

(26) The state of the world's children 2011, http: //www. unicef. org/

chinese/infobycountry/files/SOWC_ 2011_ Main_ Report_ EN_ 02092011. pdf.

（27）UN Women Policy Division, "A transformative stand – alone goal on achieving gender equality, women's rights and women's empowerment: Imperatives and key components", http://www2. unwomen. org/ ~ /media/headquarters/attachments/sections/library/publications/2013/10/unwomen_ post2015_ positionpaper_ english_ final_ web% 20pdf. pdf? v = 2&d = 20141013T121454; http://www. unwomen. org/en/digital – library/publications/2013/7/post – 2015 – long – paper.

俄语文献

（1）Восьмой периодический доклад государств – участников в 2014 году (Российская Федерация)（俄罗斯联邦 2014 年递交联合国消歧委员会第八次定期报告），http://tbinternet. ohchr. org/_ layouts/treatybodyexternal/Download. aspx? symbol-no = CEDAW% 2fC% 2fRUS% 2f8&Lang = zh。

（2）Выступление Первого заместителя Министра труда и социальной защиты Российской Федерации А. В. Вовченко на 60 – й сессии Комиссии ООН по положению женщин по пункту 3 повестки дня 《Последующая деятельность по итогам 4 – й Всемирной конференции по положению женщин》 и 23 – й спецсессии ГА ООН под названием 《Женщины в 2000 году: равенство между мужчинами и женщинами, развитие и мир в XXI веке》（俄联邦劳动与社会保障部第一副部长沃夫钱科向联合国消歧委员会递交第八

次定期报告的大会陈述部分），http：//russiaun. ru/ru/news/ga_ wmxxi。

（3） Объединенные шестой и седьмой периодические доклады государств - участников（ Российская Федерация） в 2009 году,（俄罗斯联邦2009年递交联合国消歧委员会第六、七次定期报告），http：//tbinternet. ohchr. org/_ layouts/treaty-bodyexternal/Download. aspx？symbolno = CEDAW％ 2fC％ 2fUSR％ 2f7＆Lang = zh。

索　引

安南（Kofi Annan）　21，93

逼婚　48，62~64，83~85，106

博科娃（Irina Bokova）　101，103

博斯拉普（Ester Boserup）　14

不让一个人被落下　1，52

春蕾计划　136~138，181

母亲水窖　136，138，140，141

德米古柯 - 昆特（Asli Demirguc - Kunt）　72

东南亚国家联盟　83

厄尔德曼（Richard Erdman）　56

二十国集团　97，98

反家庭暴力法　130，146，147，158

非伴侣性暴力　61

非正规就业　75，112，165

非洲联盟　84，85，103

分性别统计　147，172，175

妇女权利与影响　5，20

妇女人权　5，20，42，133

妇女与发展理论　15

妇女与武装冲突　5，20，131

赋权妇女原则　37

赋予妇女权能　2，21，72，88

割礼　48，62，64~66，113

格拉瑟（Robert Glasser）　97

国际电信联盟　32，74，93

国际劳工组织　32，89，104，171

合作共赢　117，118，151

和谐世界　116

胡锦涛　115，116

互联网普及率　74

机会均等　47，72

家庭友好型工作场所和家庭友好型公共政策　88

江泽民　10，115

巾帼建功　141，144，145

经济赋权　48，71，88~90，98

可持续发展　1~3，6~21，109~111，177~180

克拉克（Helen Clark）　69

索　引

克林顿（Hillary Clinton）　37

联合国　1，14～16，76～81，113～117，183

联合国儿童基金会　32，64～66，76，101

联合国妇女地位委员会　6，34，37，57

联合国妇女署　37，44，99，119，182

联合国教科文组织　32，76，101，136

联合国经济和社会事务部　32，82

联合国开发计划署　55，69，88

联合国人口基金　63，100

联合国人权高专办公室　101

联合国人权事务高级专员办事处　62

联合国统计委员会　46，52，55

联合国亚洲及太平洋经济社会委员会　94

刘结一　58

梅（Theresa May）　58

每个妇女每个儿童　55，99，100

米特尔曼（James H. Mittelman）　13

姆兰博-努卡（Phumzile Mlambo-Ngcuka）　99

南亚区域合作联盟　83

"女大学生创业导师"活动　141，142

"女童不是新娘"　85

欧洲委员会　83

普里（Lakshmi Puri）　112

潘基文　34，47，82，102，103

彭丽媛　99，136，137

贫穷有一张女人的脸　23

亲密伴侣暴力　62，64

人口贩运　83，105，106，108

森（Amartya Sen）　3

社会性别主流　23，59，123，176

世界银行　3，32，116

数字鸿沟　74，92，104，109

索马维亚（Juan Somavia）　89

"他为她"活动　79

提高妇女地位的制度机制　5，20

体面工作　39，49，125

同工同酬　39，77，99，104

童婚　48，59，77，106，180

图埃（Hamadoun Touré）　93

王岐山　174

网络暴力　75，102，104

为发展筹资　75，76

温家宝　115，116

沃特森（Emma Watson）　79

无偿护理和家务　48，68，106，160

吴邦国　115，117

习近平　11，96，115，174

小额信贷　91

信息赋权　48，77，88，104

性别平等　1，46，114，163

性别歧视　39，65，144，163

性和生殖健康以及生殖权利　48，53，

107，161

孕产妇死亡率　33，107，124，162

早婚　41，60，77，160

针对妇女的暴力　36，60，146，158

正规就业　165

政治赋权　88

中国妇女发展纲要　11，127，130

中国梦　136，145

中华全国妇女联合会　144

中华人民共和国外交部　44，124

后　记

祝贺中国社会科学院城市发展与环境研究所和社会科学文献出版社顺利启动"2030年可持续发展议程研究书系"并已经开始收获丰硕的学术成果。

没有性别平等的发展不是真正的可持续发展。能够在"实现性别平等的可持续发展"的新起点上，参与"2030年可持续发展议程研究书系"的撰写工作，"性别平等的可持续发展"项目组全体成员都感到非常荣幸。

"性别平等的可持续发展"项目组由三人组成，个人情况与具体分工如下。

李英桃，北京外国语大学国际关系学院教授，项目组负责人，主要承担本书中文摘要、导论、第一章、第四章、第五章、结论和后记的撰写工作。

王海媚，北京大学国际关系学院《国际政治研究》编辑部编辑，项目组成员，主要承担本书第二章、第三章的撰写，参考文献和索引编制以及格式编排、文字校对等工作。

金岳嵘，北京外国语大学国际关系学院博士研究生，项目组成员，主要负责书名、目录和中文摘要的英译工作。

这项研究工作的特点是选题前沿、知识专精，时间紧迫、任务繁重，几乎可以说是"Mission Impossible"。值得庆幸的是，三位成员都从事性别研究多年，之前在不同程度上撰写过与项目主题相关的著作或论文，加之勤奋努力、认真严谨的工作态度，最终得以克服各种困难，按时完成了任务。

感谢陈迎研究员的盛情邀约，感谢中国社会科学院城市发展与环境研究所与社会科学文献出版社的充分信任，感谢"性别平等的可持续发展"项目组成员家人的大力支持，特别感谢项目组成员家中的"小成员"、懂事的吴小满对妈妈工作的理解，给5岁的小满一个大大的赞。

最后，向为本书的顺利出版付出心力的编辑、校对以及其他各位出版社的同事们致以真挚的敬意。

"性别平等的可持续发展"项目组

2016年7月31日

图书在版编目(CIP)数据

性别平等的可持续发展 / 李英桃,王海媚著. -- 北京:社会科学文献出版社,2016.8
(2030年可持续发展议程研究书系)
ISBN 978-7-5097-9644-3

Ⅰ.①性… Ⅱ.①李… ②王… Ⅲ.①男女平等-研究 Ⅳ.①D440

中国版本图书馆 CIP 数据核字(2016)第 201488 号

·2030年可持续发展议程研究书系·
性别平等的可持续发展

著　　者 / 李英桃　王海媚

出 版 人 / 谢寿光
项目统筹 / 恽　薇　陈凤玲
责任编辑 / 王婧怡　陈　欣

出　　版 / 社会科学文献出版社·经济与管理出版分社 (010)59367226
　　　　　　地址：北京市北三环中路甲29号院华龙大厦　邮编：100029
　　　　　　网址：www.ssap.com.cn
发　　行 / 市场营销中心 (010)59367081　59367018
印　　装 / 北京季蜂印刷有限公司

规　　格 / 开　本：787mm×1092mm　1/16
　　　　　　印　张：14.25　　字　数：163千字
版　　次 / 2016年8月第1版　2016年8月第1次印刷
书　　号 / ISBN 978-7-5097-9644-3
定　　价 / 68.00元

本书如有印装质量问题,请与读者服务中心(010-59367028)联系

▲ 版权所有 翻印必究